TEACHING OUTSIDE THE LINES

Developing Creativity in Every Learner

[美] 道格 · 约翰逊　Doug Johnson 著

从课堂开始的
创客教育

/ 培养每一位学生的创造能力 /

中国青年出版社
CHINA YOUTH PRESS
中青文传媒

图书在版编目(CIP)数据

从课堂开始的创客教育：培养每一位学生的创造能力 /
（美）道格·约翰逊著；彭相珍译.
—北京：中国青年出版社, 2016.7
书名原文：Teaching Outside the Lines: Developing Creativity in Every Learner
ISBN 978-7-5153-4204-7
Ⅰ.①从… Ⅱ.①道… ②彭… Ⅲ.①创造教育－研究 Ⅳ.①G40-05
中国版本图书馆CIP数据核字（2016）第125999号

Teaching Outside the Lines: Developing Creativity in Every Learner / Doug Johnson

从课堂开始的创客教育：
培养每一位学生的创造能力

作　　者：〔美〕道格·约翰逊
译　　者：彭相珍
责任编辑：杨　迪
美术编辑：李　甦
出　　版：中国青年出版社
发　　行：北京中青文文化传媒有限公司
电　　话：010-65516873/65518035
公司网址：www.cyb.com.cn
购书网址：zqwts.tmall.com　www.diyijie.com
印　　刷：三河市文通印刷包装有限公司
版　　次：2016年8月第1版
印　　次：2017年3月第2次印刷
开　　本：787 × 1092　1/16
字　　数：80千字
印　　张：13
京权图字：01-2016-2249
书　　号：ISBN 978-7-5153-4204-7
定　　价：33.00元

Teaching Outside the Lines

目录

Teaching Outside the Lines

引言

达·伽马与创客教育

讽刺的是，在我们向孩子们展示世界上最具创新思维的成就时，他们自身的创造力却在被此举泯灭。

——杰西卡·奥利恩（专栏作家）

我的孙子保罗正在上五年级，他为有关瓦斯科·达·伽马的报告做了充分的准备：他准备了全套的服装，制作了各种各样的道具，甚至写了一篇自传来宣读。他做了充分准备，希望可以让这个十分沉闷的主题变得有趣，并确保自己和同班同学都能够享受这个有趣的过程。

然后，他的老师告诉他，自己并没有事先同意使用道具、服装或叙述性报告，因此，保罗所有的准备，只会变成“导致班上其他未准备的同学遭受不公平待遇”的工具。

尽管，作为一个祖父和一名终身都在从事教育行业的教育者，我在一开始对保罗的遭遇感到十分愤怒，但是，这个故事很快就促使我开始产生疑问：为什么保罗的老师，一个原本十分优秀的教育家——至少从保罗向我分享的其他课堂故事中可以判断出来，会选择将保罗对这一份历史报告的创造性处理方法扼杀在摇篮中？为什么一些教育工作者不仅不能够鼓励学生的创造力，反而看起来更倾向于扼杀这些创造力呢？

我对这个问题的研究越是深入，就越是为这些教育者感到同情，因为他们往往在付出极大的心血帮助自己的学生培养创造力的过程中，感到十分困惑和矛盾（详见图0.1）。

当今世界上最成功的人中有很多都极富创意，而且创造力的重要性也变得日益突出。肯·罗宾逊爵士（Sir Ken Robinson）长期以来一直在这个问题上对教育者持谴责的态度，在2006年的TED演讲中，他指出：“现在，创造力在教育中的重要性不亚于识字能力，而我们也应给予创造力应得的地位和重视。”

在教育中，在鼓励孩子培养创造力方面，我们究竟是做了大量的表面文章，还是真心实意地相信所有的孩子都可以或都应该成为富于创造力的个体？我们在选修的艺术课上接受孩子们的创造力，我们为一个三段式的说明文设置一个“充满乐趣”的写作要求，当我们的选手精心策划并且呈现了一出充满智慧的舞台表演时，我们掌声如雷，但很多时候，要求我们循规蹈矩的条条框框，只有一个标准答案的各种测试，必须遵循的各类模板，导致我们对创造力抱着不切实际幻想的技术应用，思想层面对好评的追捧和学科项目行动方面对业绩的追逐，往往迫使我们将创造力扼杀在萌芽阶段。我们可能感到，自己不得不顺从于这一主流，因为我们的社会已经决定了，学校和教师的效能的评价将完全以考试成绩为基础，但不管原因是否如此，我们的确这么做了。

图 0.1

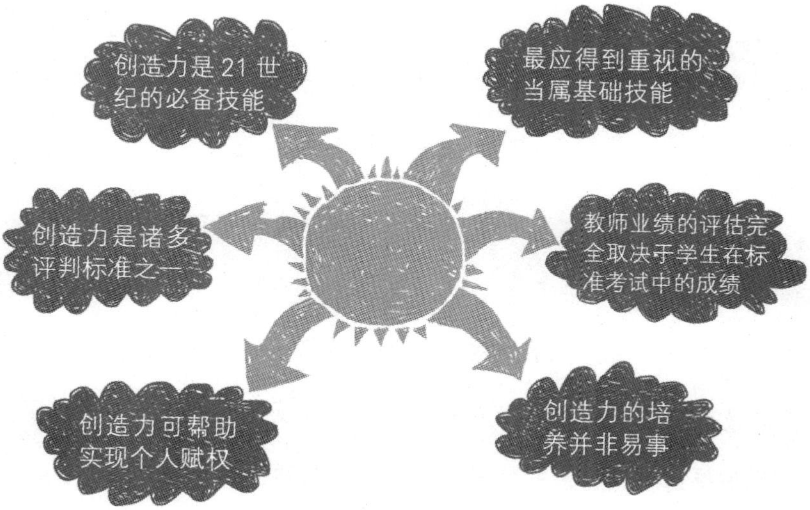

怀抱着改变我们的教育在创造力方面的观念这一期许，我一直在学习、观察、交谈和思考教育与那些能够突破常规的人之间的关系。很多教育者回复了我发表在博客上的帖子，对我的文章进行了

反馈，也在我组织的教育创新研讨会上提出了精辟的见解。换句话说，我一直在尽我所能地通过所有可能的方式和渠道去学习创造力，然后试图弄清楚教育者们可以如何在所有不同类型的课堂中，通过切实可行的方式，充分利用我所提供的这一知识——我们如何才能够开始真正教会学生们掌握突破常规的能力。

人类为何会成为与众不同的思想家、发明家和创造者——我们作为教育者，如何才能够帮助我们的学生，在其漫长的人生中成长为一个更加富有创造力的人，这条探索之路仍是路漫漫其修远兮。如果诸位读者不介意，不妨加入我们的旅程，共同探索一些充满趣味的问题。

危险的错觉

有太多的教育工作者受到一些不良影响，源自与创造力相关且普遍存在的观念，从而对孩子的发展造成不利。造成这些错觉的原因往往根深蒂固，再加上持有这些错误信念的往往是大多数人，从而导致只有极少数人可以深入研究这些顽疾。但是，我们今天要做的就是将这些鲜为人知的错误理念放到明面上来，共同剖析。

错觉1：数学、科学、社会研究、英语等基础学科或信息和科技素养等“核心”技能方面很难产生创造性的成果。

教育工作者们总是一门心思地将创意当成艺术类学科专属的特质——美术、小说写作、音乐、喜剧和舞蹈等，当然，我们不能否认创意往往是这些学科不可或缺的重要组成部分。

然而，我们对那些能够对问题提出极富创意的解决方案的人的敬意，并不亚于我们对那些以更富艺术感的形式进行创造的人的欣赏。我们需要延伸传统的艺术的定义，以更好地利用更创新和更高效的方式，来处理人和事。我们无比钦佩的创造力，尤其是那些从我们的同事或员工身上体现出来的创造力，不过是找到了完成一项任务更好的方式而已，或是找到了更有效的方式来处理一个问题——无论是机械的或是人力的，我们绝不能人为地缩小“创意”这一范畴所涵盖的范围。

问题：既然如此，我们为何还要将创造力限制于美术室和创意写作课的课堂呢？尤其是当创造力实际上应该贯穿于每个学科、每个单元和每个活动中的时候。

错觉2：创意无须学习或进行约束。

大多数人在看到一幅抽象的油画时，第一反应可能是“哎哟，给（1）一只猴子（2）一个幼童或（3）我一罐颜料，我也可以弄出跟这一样的作品”。这种想法肯定是错误的，因为即便是抽象派的画家，也需要掌握平衡和色调，并且需要展示出极高的作画技巧和技术能力。如果语法、拼写、句法或组织架构漏洞百出，那么即便是世界上最具原创性的写作创意大概也只能默默沉寂。数字音乐作曲程序GarageBand也没办法帮助一个音盲写出优美的音乐，而世界上很多最具创意的诗歌所遵循的格律，正是最严格的十四行诗、十九行二韵体诗和俳句的结构。

有太多的学生错误地认为，只要具备足够的创意，就可以无视技能的短缺，也可以忽视约束性的必要和不断的反复练习。没有了技术能力和知识储备（在本书中我们会将这部分要求统称为技巧）、自我约束、勤奋工作和反复练习的创造力，实际上将一文不值。

问题：我们在教育过程中是否曾要求学生同时具备创造性和纪律性？我们是否应该为创造性的活动设定一些约束条件？

错觉3：对于教育而言，创造力不过是"锦上添花"，所以我们无须评估学生是否展现了创造力。

"能衡量，始能执行"，是商界颠扑不破的真理。如果我们要求学生展示创造力或创新力，那么我们就需要一些工具，来确定他们是否成功地实现了前述目标。如果我们将创造力视为21世纪的必备技能，那么在我们无法描述其定义、提供评估它的模型，或者甚至无法准确地判断它是否得到了展示的时候，要求学生必须熟练掌握创造力，是否公平呢？

问题：我们如何才能设计并使用恰当的手段来解决原创性、有效性和技术性——这三个创造力最核心的构成部分的评估问题？

错觉4：只有成为学术"天才"的儿童才具备创意。

肯·罗宾逊爵士提醒教育工作者们，我们不应该问一个孩子"是否"聪明，而应该问"如何"才能让孩子变得聪明。同理，我们也不应该问一个孩子"是否"具备创造力，而应该问"如何"才能让孩子变得充满创造力。

问题：我们作为教育工作者，是不是需要尊重多种不同形式的创意，就像我们推崇加德纳所提倡的“多元智能”那样呢？

错觉5：技术的运用会自然而然地要求创造性。

事实上，只要见识过只有干巴巴的大段文字而没有任何图形元素但内容十分创新的作品，人们都能够知道这是个荒谬的假设。一段经过文字处理器加工的篇章，也许会更易于阅读，但不一定会变得更加新颖、激动人心或让人感动。很多计算机程序让我们无须花费太多脑力、思考或创意就可以产生一些看起来十分专业的产品，从而让我们误以为自己充满了创意。甚至是十分复杂的3D打印机这个在“创客”运动中最重要的产品，也不过是稍微昂贵一点的复印机，除非它的使用要求独一无二的创造性。

问题：技术为学生们提供了哪些新的机会来展现他们的创造力？我们是否正在冒着用技术抑制创新和发散性思维的风险？

错觉6：每个人都希望学生是创客。

事实上，富于创意的人往往会让他人感到紧张或不安，从猫王的回旋，到莫奈的抽象画，到史蒂夫·乔布斯的技术，到甘地的非暴力消极抵抗和不合作主义——创新往往会遭遇阻力。真正极富创意的学生（以及教师）可能会扰乱我们的先入之见和我们的品位，真正创新的产品需要一个适应的过程，而创意经常会改变我们的人际关系，这其中包括师生之间的关系。

问题：我们是否已经意识到创造力可能会打破教育的现状，并导致很多教育工作者、学生家长和政治家们想方设法维持现状?

错觉7：教育工作者们自身无须展现创造力。

事实上，很多时候，学生学习行为的对象是教育工作者的行动，而非其话语。因此，当我们自身无法展示创造力时，要求学生具备创造力是一项艰巨的任务。如果我们的教学本身既无趣又缺乏启发性，如果我们的教室、图书馆和走廊是单调而毫无生气的，如果我们无法通过公开的言行肯定其他教师的创造性努力，如果我们不愿意在教学和学习中尝试全新的方法，那么学生就会意识到，在创新方面，他们的老师也不过是夸夸其谈的伪君子。

问题：我们身为教育工作者是否能够成为更好的风险承担者?为了帮助培养学生的创造力而尝试教学的新方法，即便这种新方法是对已有方法的彻底颠覆?

据报道，阿尔伯特·爱因斯坦曾经说过：“不能用引起某个问题的思维方式来解决该问题。”鉴于我们世界的现状，我们迫切需要更高层次的解决问题的能力，因为这可以让创造力充分发挥其主导作用。如果我们想要帮助自己的学生学会打破常规，那么我们可能就需要从打破既存的教学模式开始。

本书高频词汇说明

创造力	发散性思维
创业精神	想象力
独创性	创新
发明	原创性
打破常规的思维	

在本书中，这些词汇可能会或多或少地交替使用。

阅后思考和讨论

1. 要求任课教师承担培养学生的创造性思维和解决问题能力的责任是否合理，创造力是否可以通过课堂教学进行培养？

2. 总体而言，下列三个方面的教育目标哪个更为重要：人文素养、基本技能还是创造力？

3. 就创造力而言，你在教育工作者身上还发现了哪些普遍存在的错误认识？

Teaching
Outside
the Lines

1

创客群体与创意课堂

创造力为何不再仅仅是“加分项”

为了更好地应对现实，你必须富有创意——不仅仅是在你自己特定的职业中，也包括人生的方方面面……这对于每个人来说，都是无法避免的事实。这一道理适用于门卫、前台接待人员、公交车司机等来自各行各业的所有人。人生这场竞赛的级别，刚刚又提升了一个档次。

——休·麦克劳德

苹果为何如此成功

你花600美元买了一台最新的苹果手机，那么这600美元在所有参与这部手机制造的人员身上是如何分配的？一项研究显示，你为这部手机支付的600美元中，只有40%是为手机的材料、劳力和运输支付的，苹果公司及其股东拿走了剩下的部分——作为公司的利润。

这部分钱主要用来为苹果公司的创意买单。

创造力 = 利润。

创造力已经成为一种职业技能。

在这样一个后工业化、自动化和全球化的经济中，创造力可能已成了职场人士保证自己不会丢掉一份好工作的唯一方法，无论你是否相信，这就是事实。

有些职业在渐渐消失

我已经很长时间没有看到从事下面这些职业的人了……

◎ 当我在进出停车场时，已经看不到人工的服务。

◎ 我也无须再与航空公司值机柜台的人员进行沟通，因为沟通的事宜已经在我的信用卡和自助值机的机器之间完成了，我无须张口，也可以拿到登机牌。

◎ 我接触到的银行出纳员和超市的结账员越来越少。

◎ 当我告诉我的孩子们，我曾经让“活生生的人”来帮我的车子加油，擦洗我的车窗，给我的轮胎打气，甚至还有人在加油站给我一个免费的水杯做礼物时，我的孩子们都以为我在胡编乱造。

◎ 我需要努力地翻电话本，才能听到人工接线员、技术支持或预定人员的声音，用一种礼貌但是十分令人抓狂的姿态，将我正在寻求的信息告诉我。

◎ 我所认识的所有制造业的从业人员中，没有几个人不会操纵机器人，让它们以比人类更为精准的方式完成那些重复性的工作。

对这一切我们早有预料。早在2004年，弗兰克·利维和理查德·默南教授就对1969年至1999年间不同职业的此消彼长的状态进行了研究。他们的研究发现，要求“复杂的沟通”的工作增长了近15%，那些要求“专家思维”的工作增长了近6%，而那些要求“常规认知工作”和“常规体力工作”的职业则出现了减少趋势。该研究的数据在2013年得到了更新——而更新后的信息证明，他们早前的研究结果完全正确。

那些工作职位被自动柜员机、自助设备、机器人和通过菜单运行的智能电话所取代的人恰好被划归为“常规”的范畴，因为被提供的信息和处理的流程都已经标准化了——如果你乐意，也可以把这当成一个完成选择题的过程。一旦出现了任何要求做出超出A、B、C、D四个备用选项范畴反应的情况，那么就立刻需要主管的协助——这个具备“专家思维”的人将成为一个富有创造力的问题解决者。

在当今的经济环境中，发展中国家的劳动者或机器从事简单工作，价格更为低廉——而且精准度更高，难道我们真的希望自己的学生以从事盲目的、重复性的工作为学习目标吗？

创客群体正在兴起

在《全新思维：决胜未来的6大能力》中，作者丹尼尔·平克向读者提出了两个思考问题：如果你的工作由机器完成，是否会做得更好？或由另外一个国家的劳动力完成是否会更便宜？但他在书中提出的最有趣的问题是：“我所提供的东西是否能够满足这个过于富足的时代的非物质的、超越欲望的需求？”

换句话说，平克预测，在具备了足够的资金并可以做出选择的前提下，消费者选择购买的商品将不仅应具备实用性，还具备其他的附加价值，例如，可以满足顾客的审美情趣。而正是充满创意的人，能够利用右脑进行思考的人，在面对廉价劳动力和机器人时，才不会丢了工作。

理查德·佛罗里达（Richard Florida）撰文描述了这群被他称为“创意阶层”的人，他估计，美国约有30%的劳动人群可被划分为创意人群，其中，又存在“超级创意核心人群”（大C）和“创意行业从业人员”（小c）之间的区分（请在阅读本书第4章中大C和小c对创造力的不同定义进行探讨时，牢记两组人群之间的本质区别）。这些人和他们所创办的公司所赚取的利润，丰厚到每个城市都想方设法吸引他们去当地落户，促进就业——而不是试图将他们的工作外包到孟加拉国。

现在，外包和自动化的趋势对一系列的劳动力产生了负面的影响，包括传统的白领工作。《纽约时报》经济专栏作家保罗·克鲁格曼认为，卢德派分子——一群遭受了自动化威胁的18世纪英国纺织工人，把自己的名声搞坏了。保罗写道：“真正受到最严重损害的工人，是那些通过自己的努力掌握了宝贵的工作技能，却发现自己的技能一夜之间贬值了的工人。”而现代社会的“卢德派”可能是X光技术人员、法律研究人员、计算机程序员和其他技能职业。仅凭一张大学本科毕业证，已经不再意味着一份薪水不低的全职工作以及可以获得终身雇佣的铁饭碗了。

商界早已意识到这一点，为了应对这一快速和急剧变化的经济形势，1500名参与了IBM在2010年进行的调查的首席执行官，将创造力认定为未来的商业发展中最为重要的“领导力特质”。

而我们，作为兢兢业业的教育工作者，更不能忽视这些未来的就业趋势。

我们的教育标准做了什么

很显然，在意识到学校应该开始将创造力视为学生必须培养出的一种重要技能的所有教育工作者中，我不是唯一的一个，也绝不是第一个。

早在2000年，本杰明·布鲁姆（Benjamin Bloom）注明的学习目标分类学，被他曾经的学生安德森和克莱斯万（Anderson & Krathwohl）进行了修订。创造，及其下属的设计、建设、规划、生产、发明、制定和制造等描述，被调整为高阶思维能力中最高级别的一类。

美国国际教育技术协会（ISIE）在其被广泛采用的国家教育技术标准要求中，要求学生“需表现出创造性思维、建构知识以及利用技术开发创新性产品和工艺的能力”。

美国学校图书馆员协会的标准要求学生“能通过使用多种资源和形式来呈现创造力”以及“可利用富含创意和艺术感的形式来表

达个人的学习”。

国际学士学位项目（The International Baccalaureate Program）的核心要求可以简化为创造力、行动力和服务意识，他们声称“创造力能够为学生提供机会，让他们探索自己对原创性思维和表达的个人意识”。

在其框架定义文件中，21世纪关键能力联盟（Partnership for 21st Century Skills）将“创造性的思维能力”、“创造性地与他人开展合作”和“创新的落实”列为学习成果必须实现的关键目标。

我们应以周密的、前瞻性的思维，来自信地审视并认可自己所处区域或机构的教育标准，这些标准是否已将创造力认定为学生获得成功的教育、职业和人生所必须掌握的一项宝贵技能呢？

教育中参与感的作用

在我举办的“网络一代的学习者”工作坊上，我要求参与研讨会的学员描述一下现代孩子们的生活方式、价值观和体验，找到与我们孩童时代的不同之处，一个普遍的回答就是“现代的孩子们需要不断得到娱乐”。

而我选择质疑这一说法，因为我们很多人往往将娱乐性和参与感这两个词汇搞混，我将二者之间的差异之处列举如下。

◎ 娱乐性的主要目的是提供一个愉快的体验，而参与感的主要目的则是使学生集中注意力以促进学习的发生。

◎ 娱乐性是短暂的，且往往肤浅，而参与感则可以创造长期持久的效果，并着重培养重要的技能和学科能力。

◎ 娱乐性的需求往往与读者/观看者/聆听者关联不大，而参与感的体验则最常直接与学习者产生关联。

◎ 娱乐性是一种逃避问题的表现，而参与感则旨在解决问题。

◎ 娱乐性往往是被动的，而参与感则是主动的或互动的。

特别是：

◎ 娱乐性往往是其他人创意性的结果，而参与感则要求学习者自身提供创造性（详见图1.1）。

图 1.1

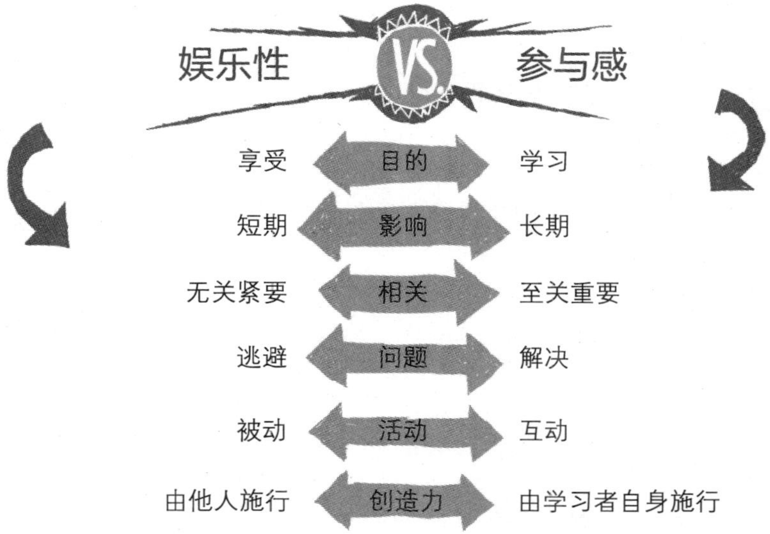

鉴于越来越多的学生在口袋里或背包里随身携带既可以用来娱乐又可以参与学习的设备，教师们就尤为需要了解并牢记这两个词语之间的差异。允许或要求学生创造——而不仅仅是单纯地享受，就可以将这些现代科技设备转变为教育的工具。不可否认，即便如此，孩子们仍有可能因为这些娱乐设备而从我们的课堂或作业中分心，但至少在创造这个行为过程中，他们分散的注意力得到了有效的利用，我们将在本书第7章中详细探讨这个主题。

所接受的教育让学习者既能够充分地应对职业的需求，又可以满足社会需求，对当今社会的每一个学生来说都至关重要。当我们的社会无法承担放弃任何一个孩子不管的后果时，通过鼓励学习过程中的创造性来强化学生的参与度，将成为我们可以帮助每一个孩子实现前述目标的唯一途径。

我们为什么需要创客教育

到目前为止，我们只是将创造力视为一种职业技能、工作技能和确保良好就业机会的手段。

但作为一个理想主义者，我同样希望，学生能够由于创造力而感到自己被赋予了权利，并且打心底里相信，自己已经具备了足够的能力来确保自己足够明智，并且他们有能力解决任何可能遇到的问题。他们无须被动地承受命运的盲目安排并放弃改变的信念，并且只要他们足够有创意和毅力，就能够找到避开、克服、化解或渡过任何难关的方法。

作为家长和教师，我的主要目标是，希望我的孩子们在我离开人世之后，也能够过好自己的人生。

太多的学生在毕业离校之际仍缺乏足够的自信，甚至缺乏基本的意识，不相信他们自己已经具备了独立解决人生难题的能力。他们依然依赖于父母、老师或被他们视为领导的人，来为那些困扰他们的问题提出“解决方案”。正如我们将在本书第10章中详细阐述的那样，学校自古以来的教育模式就是培养墨守成规的、缺乏进取心的和因循守旧等类型的人才，但是大卫·布鲁克斯（David Brooks）对那些有着完美学习成绩的毕业生的求职过程进行了观察，得出了以下结论：

这些学生完美地遵循了千篇一律的成功毕业生的模式，而你（作为雇主）事实上完全没办法知道这个人的真实能力，因为所有的线索只能告诉你：这是一个十分符合社会对墨守成规的命令执行者描述和需求的高端人才。这样的人，要么缺乏活出具备自我特色的人生的意愿，要么缺乏这样做的勇气。作为雇主，最好的做法就是远离这样的人。

作为一个终身从事教育工作的人，我一直以来的信念都是：我的教育使命是创造独立的思想家，而不是人云亦云的盲从者。而所谓的思想，最重要的一部分就是能够创造性地思考解决我们自己问题的方法、解决社会问题的方法，以及认识到我们每个人都有选择自己人生独特轨迹的权利。

我特别热爱在日常生活中能够遇到的那些马盖先一类的人（美剧《百战天龙》男主角，擅长用普通生活用品作为工具）——无论是儿童还是成年人。我尊重那些将障碍视为人生前进阶梯的人——他们将其视为向上发展的一个机遇，并且能够享受这个过程带来的愉悦和满足感。对那些认为通过自己努力可以创造人生，而非接受生而注定的命运的人，我也充满了敬仰。

学生们确实需要不断地练习创造力，你还需要更好的理由来说服自己吗？

我们的学校做得如何

可悲的是，研究表明，美国的学校在帮助培养创新型人才方面不仅没有获得成功，反而抑制了创新人才的培养，因为我们的学校正在不断地粉碎孩子们本身具备的创造力。据一项研究显示，自1990年起，伴随着智商值的不断提高，创造性的指标一直呈上升趋势，然后忽然之间——所有的指标迅速下滑。该研究的作者韩文化院教授金弼焕（Kyung Hee Kim）表示：“结论十分明显，因为下降的趋势太过显著。”而美国的幼年儿童的分值——即从幼儿园到六年级阶段儿童的下降程度最为“严峻”。她同时进一步指出，孩子们的情感表达能力变弱，精力不足，变得不爱说话且口头表达能力减弱，幽默感降低，想象力减弱，突破常规的能力下降，不再活泼和充满激情，缺乏洞察力，将看似不相干的事情关联起来的能力减弱，综合心智下降，并且不太容易从不同的角度看待问题。

在鼓励社会从众性和构建正确答案只有一个的权威盲从性心理方面，我们的教育系统可谓是“功不可没”。强纳森·科佐尔（Jonathan Kozol）在对来自东圣路易斯、芝加哥、纽约城、卡姆登、辛辛那提和华盛顿特区的学校进行研究之后，在他的新书《野蛮的不平等》（*Savage Inequalities*）中得出了这样一个结论：美国存在两种完全独立的公立学校运作系统：

一套系统中的孩子被教育成为管理者，而另外一套教育系统中的孩子则被训练为受管理者。前一套教育提供被给予了想象力的空间，以鼓励可刺激经济向前发展的想法，而后一套教育体系则规定其受众必须遵守规矩并严格地执行和完成前一组人群规定的任务。

而导致这一问题最突出的原因，就是我们对测试的盲目痴迷。学生的高强度训练是个百试不爽的古方，即标准答案永远只有一个。尽管确保所有的学生，无论其社会阶层或能力如何，都能够展示出最基本的阅读、写作和计算能力，并掌握一系列科学和社会科学相关的核心基础知识，是一个堪称高尚的教育目标，但所谓的标准往往设置得过低和过于狭隘。赋予学生基本的技能，却未能培养学生在新情境中运用这些技能的信心，同样会导致我们的孩子被社会抛弃。

但测试的利弊并非本书的探讨主题，与其千方百计地寻找开脱的借口，不如让我们切实地探索一些行之有效的解决方案。

阅后思考和讨论

1. 教育工作者们是否需要重新审视一下，学生要在当今的经济环境中实现成功需要掌握的技能是什么？当今社会需要的技能和能力配置与前面几代人的需求有何不同?

2. 在判断毕业生是否“为就业和就学做足了准备”这一大多数学校设定的宝贵教育目标时，将标准化考试的成绩作为评判的唯一基础是否合理？教师们是否需要依据基本技能和知识以外的其他能力或因素进行评估?

3. 教育系统在创造力方面给予的重视和关注是否已经将不同的学生划分为“管理者”和“受管理者”两个类别？我们是否可以认定，培养自给自足的、被赋予权能的，同时具备了技能和自信来解决自己人生问题的学生，才是有效的教育系统的评价标杆?

Teaching
Outside
the Lines

2

创造力究竟是什么

当你遇到了就会认出来

用专业的态度去学习规则，你就可以像艺术家一样去挥洒。

——帕布洛·毕加索

奈季兰女士要求她的学生制作一张宣传海报，创造性地解决学校走廊里遍地垃圾的问题。这是一个很好的任务，因为学校里的每个人都切身感受过随处乱扔的垃圾带来的糟糕影响。

但在给学生做出来的海报评分时，奈季兰女士遭到了来自学生的质疑：“你怎么能够判断这个学生的项目比另外一个学生的更富有创意？”“恶搞的作品也是很有创意的作品啊！”“麦克的海报完全是照搬另外一个广告的创意。”“那个海报的创意虽然很好，但是画技实在太糟糕了，而且上面还有错别字。”

鉴于对项目评价的争议太多，奈季兰女士最终不得不要求学生投票，选择他们认为最有效的海报——而不是最有创意的海报。因为对于学生来说，有效性比创意更有说服力，也是个更容易接受的标准。

在提及“创造性”这个词的时候，我们真正想要表达的是什么？在我开始有意识地专门研究这个主题之前，我对“创造性”的态度是：

尽管我无法确切定义它，但是在它出现时，我能够马上辨别出来。

但在教育体系中，无法定义的概念往往也无法进行评估，至少无法进行客观的评估，而且，当一种能力无法进行衡量时，很多教育工作者就会质疑它的存在价值，尤其是在问责制盛行的今天，与性能相关的确凿数据至关重要。

超过100种的创造力定义

纠结于定义创造力的人肯定不止我一个，对相关研究文献的统计表明，教育相关领域中对创造力的定义超过了100种。

尽管我不敢说自己阅读了所有前述相关文献，但我所研究过的所有定义，基本都包含了两个共同的组成部分。首先，创造力应该具备全新的、创新的、原创性的因素，即尚未有人尝试过的事情或以新的方式完成既存的事情，这个共性并无新奇之处。

但第二个组成部分，尽管经常被忽视，却包含在创造力的大部分定义中，指的是创造力能够为其目的任务或其适用的目标增加附加价值。因此，创造力不仅必须包含新的方法，并且必须使其作为应用对象的产品、流程、信息或体验变得更加高效。对我来说，第二个组成部分为教育工作者提供了一个关键的手段，对创造力行之有效地进行评估。

我们真正需要提问的不是工作是否具备原创性，而是这种原创性如何优化了最终的结果，创意大师肯·罗宾逊爵士（Sir Ken Robinson）就简单地将创造力描述为“产生具备价值的独到原创见解的过程”。

技巧培养——被遗漏的因素

但是，肯·罗宾逊爵士的定义也可能遗漏了一个十分重要的因素，因为创造力的价值也同样取决于被我称为“技巧”的因素（详见图2.1）。

图2.1

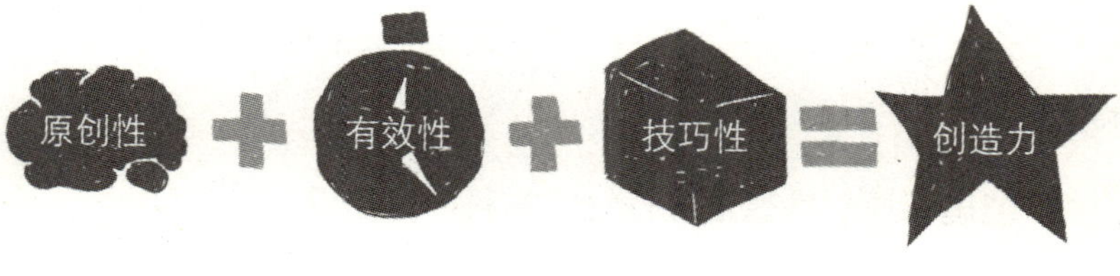

何谓技巧？从某种意义上说，技巧是塑造新的思路但同时仍能确保其合乎现实的一种能力，这正是任何创新的思想具备现实意义的“根源”，这也是确保新想法具备可行性的根本原因。这也正是我们会花那么多的时间，在教育中强调所有其他类型的技巧的培养和知识的储备的原因。这也正是为何技巧会被当成创造力定义中不可或缺的部分，也是实践中真正行之有效的方案的数量远远少于新想法的真正原因。

美国国家教育与经济中心的主任马克·塔克（Marc Tucker）则认为，基于考试成绩，如国际学生评估项目（IPSA）的测试成绩，对全球范围内的教育体系进行对比存在一定的价值，即便是在需要更多创造性工作者的经济体中也是如此。他认为：

在完全没有任何知识储备的前提下，创造力也不可能发生。可以说，创造力就是多种不同类型的知识体系融合后碰撞而得的火花，它与两种或多种不同的知识体系产生关联，包含了能够将一种知识体系与其他知识领域建立平等而非覆盖的连接关系的框架。

技巧，是将音乐中不和谐的音符，或艺术中无用的胡乱图画，或真正有效的解决方案中毫无根据的妄想分离出来的手段。

那么，技巧是什么？我将下列每一项因素都称为一种类型的“技巧”。

1. 能确保原创性想法可行性的学科内容知识

如果厨师希望可以做出一道美味可口的菜肴，那么他必须掌握小苏打在一个全新菜谱中的功能和作用。掌握最新的会计准则——例如收入与支出等，是最具创新性的企业家所必备的知识。在我的牙医尝试通过一种全新的医疗流程来根治我的蛀牙之前，我默默地祈祷他在牙科学校接受教育期间认真学习了应掌握的知识，并且知道人体解剖学是怎么一回事——尤其是知道哪些地方存在神经组织。当维普·惠特克（Whip Whitaker）在《迫降航班》（*FLIGHT*）

这部电影里操纵着飞机上下翻滚以尽可能避免坠落和烧毁时，他能够成功实现这个目标的原因是，他充分了解飞行所涉及的空气动力学特性以及飞机设计的原理。

关于创造力的大部分争议都集中于要求所有学生具备文化素质的需求——由美国的“核心知识”运动发起人赫歇尔（E.D. Hirsh）和其他学者共同规定的一系列核心知识。那些要求学生掌握大量基础信息的学校经常面临的一个相对简单的质疑：“为什么学生要去背诵那些轻易就可以检索到的信息？”但如果创造力在“真空的知识储备”状态下无法实现，那么为问题的解决提供必要背景的一些基础知识，就不只是必要的，还是关键的。

2. 写作能力可以增强沟通能力

正如我曾经告诫自己那些饱受写作折磨的学生那样，如果通篇行文错别字满目、标点符号乱用或句子结构混乱，那么再伟大的想法也无法得到恰当的表述（谢天谢地，微软的word工具已经解决了手写笔迹糟糕这一隐藏的弊端）。不可否认，爱德华·埃斯特林·卡明斯（美国诗人，他的诗作大都没有标点和大写字母，也经常将自己的名字写作“e.e.cummings”）无视了首字母大写的规则，丹尼尔·韦伯斯特、萧伯纳和其他知名人士都喜欢使用自己发明的拼写体系。但在创作一篇议论文或短篇小说时，我们大多数人最好还是遵循标准的写作规则。对规则的打破应该是在掌握游戏规则前提下的有意识突破，而不应该是作为无知的后果。在很多情况下，如果你想要他人严肃地对待自己的想法，你的语言就必须遵循专业的和文化层面的标准。

3. 设计能力可增加表述的清晰度和审美的附加价值

我们可能都曾见过很多失败的多媒体展示产品，不仅枯燥，还因为糟糕的配色、难以辨识的字体或与主题无关的图形等等因素而难以理解。作为信息素养的要求，通过视频、照片以及图片进行多种格式和渠道沟通的能力已经日益成为越来越多的领域中至关重要的技巧。在数字媒体大行其道的年代，欠缺视觉设计能力的人群已经成为新时代的文盲。考虑到当今社会对视觉和听觉移动沟通渠道的依赖程度，信息素养的缺乏可能成了一个比语言素养欠缺更严峻的问题。

4. 规范训练（从实践中培养而来的体能灵敏度）**可让表演者变得更富有表现力**

小提琴手手肘的正确弯曲，可以让他通过无数个小时的反复练习，将一首老曲子拉出新意境。伟大的运动员通过反复的练习和锻炼，来不断地锤炼自己的能力。艺术家在正式开始作画之前，可能已经勾勒了无数的草稿。而作家的无数实验性的写作成果，读者可能只有他们自己。庸才与天才之间的差别，也不过是能否持之以恒地进行锤炼。

5. 在领导或管理一个团队时，接受人际关系中人类不合逻辑的本性

如果我们所有人都是瓦肯人（电视剧《星际迷航》中的一种外星人，发源于瓦肯星的智慧外星类人类族群，以信仰严谨的逻辑和推理、去除情感的干扰闻名），可以严格遵循逻辑的引导，并不受感情的牵累，那么成为一个领导者肯定要比现在轻松很多——但同时也会无趣很多。我们需要认识到，赞扬可以成为推进工作的一种动力，感觉对于很多人而言就是事实，且同情是做出正确决策的必备要求——这些因素既可以很简单，也可以很复杂，但了解人类的本性，是另外一种形式的技巧。如果对问题提出的创新解决方案冒犯、吓唬或导致作为解决方案接受者的人群感到困惑，或无法行之有效地让目标人群“从心理上接受”，那么这些创新的解决方案，将同那些因为现实的因素而无法施行的其他方案一样，注定面临失败的结局。

6. 在有限的条件下开展工作，包括有限的资源、时间、道德标准或社会可接受性等

对于复杂的问题，我们提出的很多简单粗暴的解决方案根本不可能行得通（说真的，把所有刁钻的学生都运到另外一个学校、州、国家或宇宙去不行吗？要治理气候变化还不简单，直接取缔所有的私家车不就可以解决了吗）。具备创造力的人都明白，问题的解决方案必须符合现实情况的要求——无论是个人层面的还是社会层面的，大多数的政治争议之所以存在，就是因为不同的人对所有这些限制存在不同的理解和看法。

7. 严格遵循每项任务的限定条件进行操作

作为教师的我们，要求学生每篇文章都必须至少包括三个支撑性论点，要求学生在每个项目中至少援引10个以上的信息源，要求学生将演示控制在7分钟以内，要求学生在项目中运用到科学的研

图 2.2

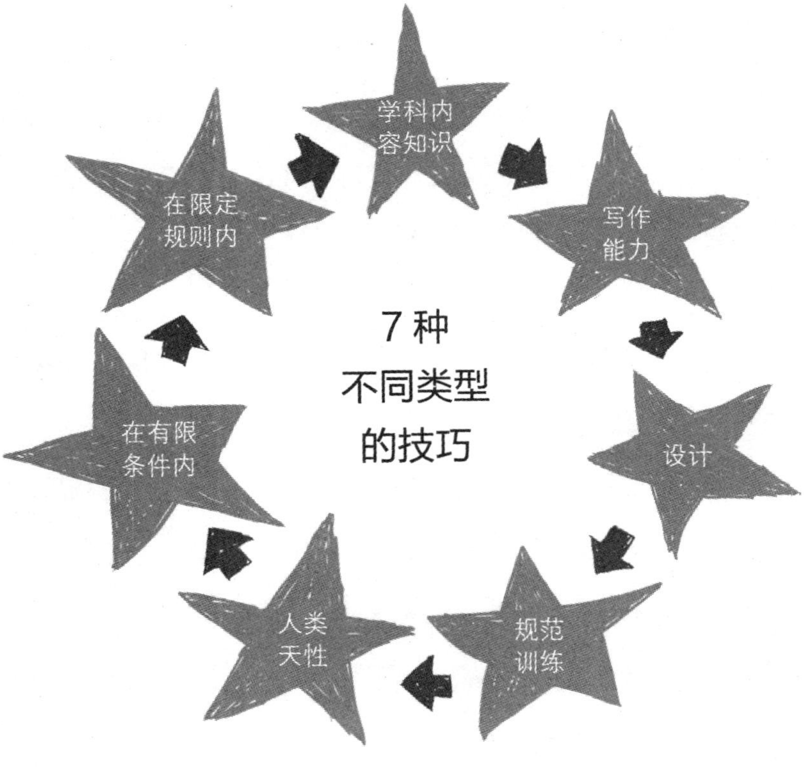

究方法，或要求学生写出的诗歌必须严格遵循俳句的结构，我们是否正在扼杀学生的创造力呢？事实上，良好的技巧需要认识到对产品进行外部强加限制的必要性，因为那些已经充分掌握了某项技巧的人不仅仅能够遵循这些要求，还能够将这些要求当成一个跳板，用以产生更具创造性的思维。因此在某项任务中设定条件和约束，实际上可能反而会激励学生呈现出更多的创新。

而某些人天生就具备了前述的技巧，他们的这种天生的能力才能被我们称为天分或天赋。

这就是为何我们仍然需要教育标准——无论是美国核心课程（Common Core）（或是下一个万能的解决方案）、特定学科领域的标准、专业标准、写作和数学的普遍规则，或是阅读的能力，等等，所有这些标准都为学生奠定了技巧培养的基础。

许多人认为，当技巧的需要被强化后，创造的过程实际上反而得到了增强，越是看似不可能的任务，越是要求具备原创性的思维。想想为什么逃脱类的电影如此有趣就知道了——因为监狱越是牢固，岛屿越是偏远，警卫队伍越是强大，就越是需要创新的逃脱方法。一个人对某个领域的了解越是深入，能够做出有意义贡献的概率也越高（公平起见，出现“书呆子”的可能性仍然存在，对“规则”过于执着，也可能导致一个人目光短浅）。

创造性思维就像钻石，在形成的过程中承受的压力越大，成型后价值就越高。要求学生发挥创意并不意味着抛弃所有的规则、技巧或知识，只意味着我们需要用全新的和有效的方式利用这些关键能力。要求教师培养学生的创造力，并不意味着要求教师们放弃原有的教育标准，只是意味着教师们要利用这些重要的标准，并通过重要的途径对其进行拓展。

对创造力进行衡量

社会科学家们自19世纪末起，就一直试图通过测试手段衡量人的智商（IQ），并且已经完成衡量天生创新能力方面的测试，尽管后者完成的时间较晚。

在第二次世界大战期间，空军要求来自美国南加州大学的心理学家乔伊·保罗·吉尔福特（J. P. Guilford）创建了一个测量工具，帮助确定哪些飞行员在遭遇机械故障时具备采取行动以防止空难发生的“原始行为能力”——这种行为无法通过IQ测试体系进行测量，吉尔福特的研究成果后来被称为“发散性思维测试”。

如果你有兴趣尝试一些针对创造性能力的“客观”测量，创造性学习中心的官网上提供了两个数据库，并提供了包含了清单和测试两种类型的约100种测试工具的信息。如果你有志了解学术研究者们如何研究创造力，或是需要一些测试前或测试后的指标来服务手上与孩子们创造力的培养相关的研究项目，那么这些工具对你来说具备探索的价值，而且我强力推荐崔芬格等人（Treffinger et al.）所著的权威指南《创造力的评估：教育者的指南》（*Assessing Creativity: A Guide for Educators*）。

就我个人而言，我希望对每个孩子的创造力的关注可以成为他们日常生活的一部分。而且我坚定地相信，形成性评估可以为我们提供完成这项任务而必须的工具，我们将在本书的第3章和第8章分别进行更详细的阐述。

创客教育索要挖掘的学生特质

每个人都具备想象的能力——很大程度上，这就是人类和其他动物的一个本质区别。每个人都具备创新的能力，人类在本质上是问题的解决者。

看到这里，你可能会立马开始质疑："为什么不是每个人都展现出创造力？为什么那么多的成年人和儿童似乎盲目地接受了生活的宿命安排，而不是将生命的所有条件都掌握在自己的手中，并通过创造性的思维和行动去创造自己的生活？"

这是因为，创造力，无论它有多么的激烈、无论它多么重要、无论它多么具有原创性，如果不能够伴随一些必要的技巧并赋予其生命力，那么所谓的创造力也不过一文不值。我们常常将创造力比喻为火花，正如我们每个人都知道的那样，除非能够将火花扇成火苗，否则它会迅速熄灭。只有通过扇风这个行为，微弱的火花才能够变成熊熊烈焰，这是小孩子都明白的道理。

崔芬格及其合作者建立了四个“创造性人格特征”，即产生想法、深入挖掘思想、秉持开发的心态和勇气去探索想法，以及聆听个人“内心的声音”。前两个特质与发散性和收敛性思维存在紧密的联系——创造力的大多数定义中都包含了这两个重要的标准构成部分。

但是我们在帮助学生开发他们的创新潜力时，往往会忽略第三和第四个特质。崔芬格等人将二者定义为：

秉持开放的心态和勇气去探索想法这个范畴包含了涉及自身利益、经验、态度和自信的一些性格特征。这一类的性格特征……包括问题的敏感性、审美的敏感性、好奇心、幽默感、趣味性、幻想和想象力、冒险精神、对不确定性的宽容度、坚韧程度、对新体验的开放性、情绪的敏感性、适应性、直觉、成长的意愿、在未经批判性思考之前不愿意接受所谓的权威说法、对立面或反对面的整合等。

聆听个人“内心的声音”这一范畴包括了个人对于自己是谁、自己想要的发展方向的憧憬以及实现这个憧憬需要做出的努力和承诺等相关的个人理解所涉及的特质，这一类性格特征……包括对创造性、持续性或坚持性、自我指导、内在控制、自省、成见的消除、专注力、能量和职业伦理等内在轨迹的认识。

我将这些特征定义为性格特点或思维方式，没有这些特征，哪怕是最精彩的创意火花都会消亡。崔芬格等人的描述很棒，但我们最好还是将这些特征简化和浓缩，形成一个可控的清单。

坚韧

多亏了安吉拉·达克沃斯利在TED发表的演讲，坚韧——或可称之为毅力或恒心，才得以逐渐成为一个广泛流行的教育名词。研究表明，坚韧指数与成功的关联性要远远高于智商指数。能够让孩子们坚持参与一项任务、一个项目或一次实践是实现创新最不可或缺的重要构成因素，因为富于创意的想法不可能总是一次尝试就获得成功。

同理心

理解他人的需要和观点是多种类型的创造力都必须具备的关键能力。作家需要明白自己读者的需求，设计师需要能够感知什么才具备吸引力，优秀的销售人员需要了解自己客户想要的是什么，而且我相信，有很多方法可以提高我们的同理心。阅读那些身处的环境与我们身处的环境极为迥异的人所撰写的小说或传记，是培养同理心的最有效方法之一。

勇气和风险承受能力

创客以新的方式做事，并且清楚新方式不会永远都能够得到他人的理解和赏识，甚至有可能被广为诟病，尤其是在刚刚推出的时候。在遭遇反对时仍保持前进的意愿需要勇气和对风险的承受力，我们需要记住，孩子在成长的过程中，花费了大量的时间和精力，担忧自己是否符合同龄人的行事规范。

成长型思维模式

卡罗尔·德维克认为，那些最幸福和最成功的人往往相信自己和他人并非生而具备一系列既定的能力，而是生而具备成长、学习和成为更加智慧的人的能力，她认为创造性成就最重要的成功因素就是成长型思维模式带来的应变能力。

自尊与自信

对自我的评价较高，能够肯定自我想法并且对自己的判断充满信心的人，更容易尝试开展新的试验。

以往的成功，良师益友和优秀的家长，以及清楚地知道在任何一项给定的项目中应该承担多少重任，在获得自信与自尊方面有很大的帮助。

好奇心

对于某个主题或问题自然产生的，或由教师启发而产生的好奇心，可以引发伴随着创新理论的探索、实验并且最终获得作为好奇心产物的解决方案。这就是为什么教育领域的个性化运动——允许学生自身的兴趣来驱动他们的学习行为，不仅仅对学科内容知识的传授和技巧的获得有效，也同样有助于培养创新型的思考者。

独立性和颠覆性

让我们直面这个残酷的现实吧：人们想要尝试新鲜的事物，不过是因为他们已经不再满足于旧的事物了。与此同时，旧体制中很多的机构和人员却十分坚定地想要让事物保持其原有的状态。对于深陷于根深蒂固的20世纪的教育模式中的学生和教师来说，对变革的迫切需求可能会酝酿彻底的颠覆——他们往往默默地积极进行那些旨在摧毁“我们已知的教育模式”（或我们熟知的商业模式、我们熟知的科学体系、我们熟知的艺术流派，等等）的隐秘行动。

另一个常年居于互联网检索头条的爱因斯坦著名引言是这么说的：“任何事物都应尽可能简洁，但不能过于简单。”我的建议是，在对给创造力及其具备价值所必须的性格特征下定义，或者做出描述的时候，我们虽然不可忽略这个过程的复杂性和神秘性，但是我们也不应让这些因素妨碍我们在教育工作中认识创造力并将它传授给我们的学生，也不应当阻碍我们在教师群体中相互传授。

最重要的是，当我们追求创造力的同时，我们不能摒弃标准、技巧，或学科内容知识。我们必须认识到创造力不可缺乏相应的特质，尤其是坚韧，这个可以将创意转化为具备价值的产品的品质。

阅后思考和讨论

1. 给创造力明确一个可操作的定义是否非常重要？作为教育工作者，我们是否可以仅仅依赖于自我辨识创造力的直觉？

2. 在创客教育中，我们应如何平衡基本技巧、文化素养和内容方面的知识以及创造力的培养？我们应该优先考虑哪一项？

3. 将创造力当成一种与生俱来的能力，并通过测试进行衡量，是否具备价值，就像我们通过测试测量智商那样？如果具备价值，那么得出的测试结果将如何使用？

4. 如果风险承受力是具备创造力的个人必不可少的关键配置，那么教师应如何培养学生对风险的承受力？

Teaching
Outside
the Lines

3

唯一标准答案的测试心态

我们的学生为什么缺少创造力

令人感到震惊的是，学校——甚至是高中，对创造性人群的生命所产生的影响堪称少得可怜。人们的感觉往往是，即便学校对创造性的人的生命产生了任何影响，这种影响也只会是学校总是致力于消灭孩子们在学校的高墙之外产生的兴趣和好奇心。

——米哈里·希斯赞特米哈伊

（美国创造力大师）

我曾经是一名图书管理员，对大声为观众朗读图书内容从未丧失兴趣，即便我终于停止使用布袋木偶进行朗读（至少在面对成人观众时），我仍时不时会偷偷将一两本图画书带进工作坊的现场，而我最喜欢的一本便是米里亚姆·科恩（Miriam Cohen）的图画书《参加考试的一年级学生》（*First Grade Takes a Test*）。

书中描述的故事是：丹尼所在的班级要进行一场测试，来选定谁最有资格参与一个旨在展示天分和天赋的节目，孩子们因此遭遇了诸多挫折和问题。在这个规范的用铅笔填涂正确答案的选择题测试中，丹尼和他的小伙伴们发现一些问题很难回答，例如："兔子会吃什么？""消防员主要做什么？"以及"下列哪幅图画中的人身高更高"等等。

一些学生发现，自己基于个人经验而得出的"正确"答案根本没有出现在备选项中，被题目难倒了。尽管一个学生若有所思地在问题上圈出了一个"正确"的选项，这个测试最终只选择了一个学生——安娜·玛利亚，列入选拔计划。

讽刺的是，其他的孩子们创造性地解决了“到底是谁得到了更大的饼干”这个具备争议性的问题，孩子们建议通过称重而非尺寸来进行判定，最后老师提醒全班学生：

这个测试结果并没有显示出你可以做的其他所有事情！因为你可以自己创造东西！你可以阅读书籍！你可以制作图片！你们有很棒的想法！另外，测试结果也不会显示出你是否能够为朋友提供帮助，而这些，才是非常重要的东西。

我想，这也许是对标准化测试最通俗易懂又优雅的批判了。如果美国所有的政客和教育部的职员都被强制要求阅读科恩的这本小小的图画书，然后讨论它，甚至可以依据它做一张宣传海报，甚至创作一首歌，那么我相信，美国的学校教育将变得更加快乐和有效。

抗击唯一标准答案的心态

将测试作为评估学生能力的唯一或主要手段，已经极大地扼杀了我们无数孩子的创造力发展。我们已在第2章探讨过，技巧（学科内容知识和技能）是具备价值的创新思想的重要构成部分，我们无须怀疑这个结论的正确性，但是我们要如何做，才能平衡对实际知识和基本技巧的需求和促进发散性思维的发展呢？并且在此过程中，还要尽可能避免滥用客观测试，如图3.1所示。

图 3.1

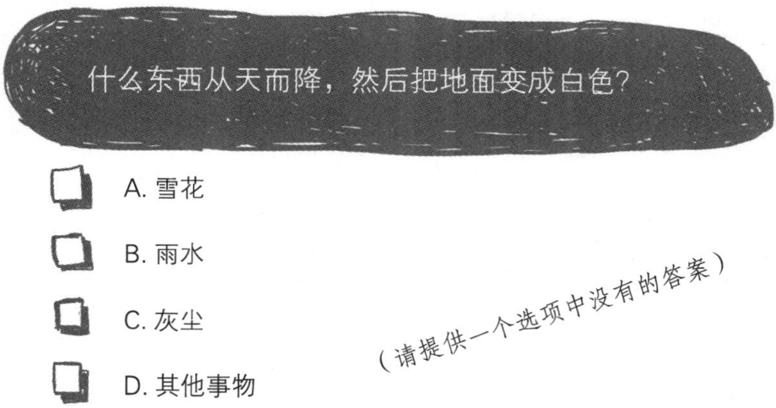

我们作为教育工作者要承认的第一件事，形成性评价相较于许多总结性评估，尤其是标准化考试而言，是更好的学习工具。

外在动机和对承担风险的恐惧

在其著作《奖励的惩罚》（*Punished by Rewards*）一书中，埃尔菲·科恩（Alfie Kohn）概述了一些外在动机——包括考试成绩，对学习造成的有害影响。

通过实例和研究，科恩提供了可以证明奖励失效的五个理由：奖励被视为对那些没有获得奖励的学生的惩罚，奖励可导致学生之间以及学生和教师之间关系的崩坏，奖励忽略了一个良好表现的原因，奖励抑制了承担风险的意愿，奖励事实上可能反而会妨碍获得期望行为。

我们在第2章中开展的研究不是恰好说明：乐于承担风险是创造性任务的标志特点之一。

在本章开头提到的故事里的书中，可怜的男主人公乔治正在上一年级。在那场标准化考试中，面对兔子吃什么食物这样的问题，他十分谨慎地在答卷上画了一根胡萝卜，因为他从自己的经历中已经明白，兔子的牙齿需要通过不断咀嚼此类食物，打磨牙齿以确保长度适中。乔治不仅没有因为自己原创性的正确答案而得到奖励，反而自此开始相信，在接下来的所有考试中，这种原创性的想法不仅不会让他得到奖励（即优秀的考试成绩），反而会导致他因为挑战了测试的权威性而遭到惩罚。

这种厌恶承担风险的心态是所有学生的共性，但在那些对自己的学习成绩引以为豪的学生身上，体现得尤为明显——尤其是那些优等生，因为他们有着非常优异的成绩，并且相信，他们必须拿到全A的成绩和优异的美国高考（SAT）成绩才能够进入自己理想的大学（并且在那些对此类测试赋予极高期望和价值的人群中维持良好的声誉）。

对考试成绩的依赖同样阻碍了教学层面的创新，由于以应试为目标的教学、高效的应试技巧的传授，以及对任何不作为考试对象的技巧或学科的忽视，也由于考试成绩成为教师个人和学校整体效益的唯一测量标准，从而导致所有的教师都做出了改变，以适应大环境，包括那些一心为学生发展着想的教师。更别提这些转变对风险承担精神的损害了！但在一个已经导致诸多学生失败的教育体系中，承担风险有可能是唯一符合职业道德的行为。

吉姆·莫尔顿（Jim Moulton）指出：

假设我们带领一群孩子到美术室，然后告诉他们，你们可以随心所欲地发挥，他们会不会变得十分有创意？我曾一直以为这个问题的答案是肯定的，但事实证明，答案是否定的。

大多数孩子会倾向于重复他们自己得到赞扬和肯定的行为——那些他们认为是成功的行为，换句话说，人们只会不断重复自己已经做过的事情。

当一个孩子明知道自己的老师只会给那些遵循套路的作文打高分的时候，他有多高的概率会进行创意写作？当一个研究项目的资源数量远远超过了可能对这些资源提出的问题的数量时，一个学生提出创新性研究方法的可能性有多大？当一个高中生很清楚自己可以轻松搞定一门只需要看看书和背背课堂笔记就可以在期末考试拿到高分的学术类课程时，她又怎么会有意愿，选择一门可能需要通过一个相对主观的方法来评分并且很可能获得低分的艺术选修课？

这些问题都十分严峻，因为它们反映了我们在判断学生的学习和能力方面存在的显著缺陷。

创客教育所需要的形成性与真实性评估

冒着将本杰明·布鲁姆（Benjamin Bloom）、罗伯特·玛扎诺（Robert Marzano）、保罗·布莱克（Paul Black）、迪伦·威廉姆（Dylan Wiliam）及其他学者的伟大工作严重简化和片面化的风险，我想说：总结性评估，尤其是标准化考试，就是给学生划分档次和等级（以及学生所处的学校、教师、校长、督学、教育委员会和教育部门等）。

相反，形成性评估则是可以帮助学生发展的有效工具。

形成性评估可提供实时的反馈，使教师可以实现对自己教学指令的“实时的监控和调整”，这是个理想化的教学实践。形成性评估可以让教师们知道，学生在哪些领域已经达到精通水平，并且在哪些领域学生需要更多的帮助和实践。与总结性评估不同，在形成性评估中，任何学生都不会被贴上永远不变的“C+”标签，或是被认定为落后于年级平均水平。形成性评估增加的是内在动机而非外在动机，增强了学生的自我认识以及对个人学习责任的意识。形成性评估为老师提供了足够的信息，以便施行对每一个学生的定制型教学——为不同学习风格的学生提供一系列风格多样的学习方法，以确保每个学生都有获得成功的机会。形成性评估关注的重点和原则，都是学生的发展，因为它的前提是，每个学生掌握一门技巧需要的时间可能是不同的，而且与一个学生的遗传能力（或天分）无关。

大卫·尼科尔（David Nicol）和黛布拉·麦克法兰迪克（Debra Macfarlane-Dick）总结了有效反馈的七项原则，即有效的反馈需要：

◎ 明确定义好的表现是什么？（目标、标准、预期标准）

◎ 促进学习过程中的自我评估的发展；

◎ 为学生提供与其学习有关的高质量信息；

◎ 鼓励老师和学生，以及学生与学生之间围绕学习开展对话和沟通；

◎ 鼓励积极的激励性信念和自尊的培养；

◎ 提供机会，让学生可以缩小当前成绩和期望成绩之间的差距；

◎ 为教师提供信息，帮助形成教学方法。

形成性评估，在本质上是教师和学生之间就学生已经掌握的信息和可以施行的行为之间所进行的启迪性对话。另外一种有效的形成性评估类型是，学生之间就他们的学习开展的相关对话——因为这些对话可以帮助学生之间建立良好的关系，而不是破坏学生间的关系，正如科恩曾警告过的那样，外在动机——测试的成绩中固有的竞争因素可能会导致这种不良的后果，同行评议、互评和同行对质量标准的建设都为学生提供了锻炼终身技巧的机会。

真实性评价，即依赖于绩效、技巧和知识的应用，以及学生作品的采集（资料库）——只要运用得当，也可以成为形成性评估的一种有效方式。实作评量指的是不仅仅通过了驾照的书面考试，还通过了路考。如果你知道，不会开车的人在学会转向、制动、停在路面的正确车道上之前，不允许上路行车，难道你不会感到庆幸和开心吗？

形成性评估可以通过各种不同的方式来实现。朱迪思·道奇（Judith Dodge）在《差异化课堂的25个快速形成性评估方法》（*25 Quick Formative Assessments for a Differentiated Classroom*）这本简短而引人入胜的信息型指南中，将形成性评估归纳成四类。

◎ **总结和反思**　学生们停下来反思，搞清楚自己刚刚听到的或阅读的信息，从学习经历中获得个人的意义，和/或强化他们的元认知技巧。这要求学生使用与特定内容关联的语言。

◎ **列表、图形和图形组织元**　学生将组织信息、建立联系并通过使用各种图形组织元对关联进行标注。

◎ **信息的可视化表达**　学生将同时使用文字和图片进行关联并增强记忆，并促进后期对信息检索的回顾和提取，这种“双重编码”帮助教师解决了课堂上个体学生需求多样性、学习风格偏好多样化和“掌握”方式的差异等问题。

◎ **协作活动**　学生有机会在课堂上自由移动和/或与其他同学进行交流，并培养和展示它们对概念的理解。

道奇还在书中提供了特定评估活动的具体步骤指导，以帮助教师们开展这些评估活动。

技术在形成性评估中的应用

技术在现代课堂中最令人振奋的一种利用方式便是作为一种沟通工具。请记住，形成性评估就是建立不同类型的对话。技术的使用可通过下面几个特定的方式来强化沟通并实现更强而有效的形成性评估：

1. **学生反馈系统。**无论是基于交互式白板的专用设备Senteos，还是学生个人的私人设备（笔记本电脑、平板电脑、智能手机或上网本等），均可通过基于Web的反馈工具利用反馈系统，且反馈的结果可即时向全班展示，也可选择仅由教师查看，当前较为通用的免费工具包括Socrative、PollEverywhere、GoogleForms和GoSoapBox。

2. **用于写作和反馈的云端工具。**除其他产品外，谷歌的教育App、微软的Microsoft 365，以及Zoho都是共享作品和提供评价的有效工具。实现各个不同层次之间分享的能力——视图、注释、编辑，或沟通的能力等，使得这些成为教师、家长和学生在反馈中必备的资源。

3. **头脑风暴工具。**厌倦了那些很容易就从白板上脱落的便签条？那么类似Padlet、Mindmeister和TodaysMeet等简洁漂亮的工具让教师和学生们可以实时地在线分享方案和想法。全组查看功能可有效地降低想法的重复——并且往往可以实现一个想法激发另一个新想法。

4. 基于网页的生成工具。Animoto、Prezi、Wordle、VoiceThread和类似Creately的大批量信息图表生成器等可创建看起来十分专业的图形和相对简单的演示文稿。事先警告诸位，我们在第7章中将探讨相关主题，核心思想是：看起来漂亮的东西并不一定有创意。

5. 利用摄像机和麦克风记录课堂演示。很多学校会选择平板电脑而不是笔记本电脑，原因很简单——平板电脑内置的摄像头和麦克风让孩子们可以通过照片、视频和音频进行沟通。当孩子们记录下自己的行为时，这些设备就成了形成性评估的最佳评价工具。看到自己曾经在做专题演讲时把玩自己口袋中的钢镚儿，让我提高了自己的公众演讲技巧。现在，我每次登台演讲的之前一定会确保清空自己的口袋。录制后的作品也可以在更广泛的观众群体中进行传播，包括家长、同龄学生以及整个社区，这可以引起个体学生对自我表现质量的高度关注。

6. 通过提供适合多种学习方式和不同阅读能力的数字化学习材料实现教学指令的差异化。利用Moodle等内容/课程管理系统、电子书、可汗学院（Khan Academy）等基于全文数据库的开放教育资源等，我们能够为学生提供丰富的学习素材和教育模式以适应任何能力水平的学生的需求，且同时满足在校和在家的学习需求。当形成性评估显示某些学生需要获得额外的辅助时，我们就必须有能力为他们提供不同难度水平的阅读材料或观看教学视频的更好方式以提供所需的辅助。

7. 利用在线存储空间进行学生作品的策划、收集和分享，形成学生作品展示库。我们教育区利用了谷歌写作平台来帮助六至十二年级的学生存储并组织他们每年的作品，一个完整的作品记录可以成为证明学生适合某份工作或更高级教育项目的强有力证据。

让我们再回过头，看看本章开篇提到的乔治小朋友。如果他有机会向自己的老师解释，自己为什么在考卷上画了一根胡萝卜，那么他的老师就会了解到，乔治其实已经弄明白了考题的含义，并且了解兔子的食性和饮食习惯，并且具备足够的勇气来为问题提供一个更好、更准确的答案。乔治可能也会因此感受到教师对他发散性思维的肯定和鼓励，而不是简单地被唯一的正确答案惩罚。

乔治也因此可能得到鼓励，并在将来会更积极地通过创造性的行为或产品来挑战所谓的权威标准。

阅后思考和讨论

1. 教育改革者们是否过于强调总结性评估这种最普遍运用的标准规范？而标准测试到底都测量了什么能力？

2. 我们要如何才能设计出一个给创造力留出空间的总结性评估？

3. 权威答案只有一个的心态还能否适应当今的经济和劳动力市场需求？如果能够适应，在什么时候可适用？

4. 职场人员在工作中遭遇的是形成性还是总结性评估？哪一种评估手段更有可能为职场中的种种挑战提供创造性的解决方案？

4

谁吃了我的作业

解决问题的创造能力

老师：你们能不能发挥点儿想象力，不想交作业，也得编出比“我的作业被我家狗吃了”更靠谱的理由吧？

学生：好吧，那我的作业是被海妖给吃了！

——一位教师同我分享的日常教学逸事

左边这段对话是学生的创造力体现的最佳例证。可以肯定，这种创造力也体现了学生的顽皮，但这也表明原创性不仅会在传统的艺术领域得到体现，在各种学科的日常学习和现实生活的任务中也能得到证明。

鉴于我们每个人都有众多的机会来展示自己的创新能力，但为何仍有那么多教师认为创造力是专属于艺术领域的概念？为何如此之多的学生家长简单粗暴地将创造力当成高格调的文化素养中可有可无的存在，并不给予任何关注？为何当被问及我们是否“富于创意”时，大多数人都会感到害怕或局促？

当我们对创意的概念仅仅是一种伟大的文化成就时，我们就会自然而然地相信，我们自己或我们的学生被认定为真正具备创造力的人，可能性十分之低。

原因就在于，我们也许无法区分超级创造力（大C）和日常的创造力（小c）的差别。

超级创造力（大C）和日常创造力（小c）

在《创造性：心流与创新心理学》一书中，心理学教授米哈里·希斯赞特米哈伊（Mihaly Csikszentmihalyi）将创造力分为两个类型：超级创造力和日常创造力。所谓的超级创造力就是我们大多数人在想到富有创造性的人物时所想到的创造力，例如毕加索、猫王或撒普等打破艺术传统规范的人物，或伽利略、爱迪生或爱因斯坦等创新型的科学家，或如福特、贝佐斯以及乔布斯等发明或改进了科技的人物，正是这些伟大的人物的创新，被希斯赞特米哈伊称为对整个“领域”产生了影响。一些研究人员认为，全球人口中仅有约30%的人群可被认定为“直觉型创新者”，即这些具备伟大创造力的思想者，他们可以实现前所未有的创新。而余下的大多数人，则被称为“感应型创新者”，即我们的创新能力依赖于将创新的思维与现有条件的改善相结合。

希斯赞特米哈伊写道，儿童不可被认定为具有超级创造力类型，因为他们不具备专业的认定能力，也不具备在某一领域验证此类创意型人群改变世界能力的能力。这样的定义就为具备创造性的事物设定了一个极高的门槛，这就是为何在教育中我们需要设定一个中等级别的创造力标准，我们将会在后文中详细阐述这一内容。

希斯赞特米哈伊也承认，日常创造力往往是每个人都可以呈现的解决问题的能力。我们每个人都具备日常创新的能力，例如，当我们发现自己的菜谱中缺了一味调剂品时，我们总是能够找到替代物。当我们的两个孩子需要在同一时间前往不同的地点时，我们能够找到解决的办法。当事先准备好的教案因为网络崩溃而无法执行时，我们也能保证课堂正常运转。当我们必须在情人节贺卡上给心爱的对方写一些浪漫的话，但又没有体会到特别深刻的感情时，我们也总是能够写出能糊弄过去的东西。

我们总是可以突发灵感凑合过去。

我们总是在不断地监控和调整。

我们总是可以像马盖先那样，在日常生活中进行创造。

我们每天都在反复练习所谓“缝缝补补式的聪明才智”。

尽管我十分欣赏斯皮尔伯格、沃霍尔和贝多芬等世界闻名的艺术型创新者，但我更推崇在每天日常和工作生活中所接触到的那些十分优秀的日常创新型人物，那些解决问题的人、发起新创意的人，在教学中发起略显疯狂的任务并希望可以抓住一些以前从未真正专注于学习的孩子们的注意力的教师，设计了奇妙的解决方法的技术人员，创造了非标准性图书馆政策并将图书馆的每一个用户看作真实人类的图书管理员，还有推出一项可以让每一个参与人员都感到满意的政策的管理人员。

一个图书管理员曾经告诉我这样一个故事：一次她应邀去给满满一整个实验室的学生传授互联网检索相关的课程，发现图书馆的技术部门在没有任何事先通知的情况下，封杀了谷歌的检索页面。

无奈之下，她只好问来上课的五年级学生们要怎么办，一个女生举手建议说“我们可以输入google.ca而不是google.com”，而这个方法竟然奏效了。

在我们的学校和教学中，我们需要学会欣赏日常的创造力，而且我们可以要求学生来发挥日常创造力，而不是依赖成年人定期地提供解决方案——尤其是在解决个人问题上（例如我把iPad落在家里了），当然，也可以运用到教学相关的问题上（例如，整个班级的学生都经常忘记在上课前把自己的iPad充满电）。

难道我们不能要求自己的学生运用自己的日常创造力来解决下面类型的小问题吗？

◎ 班上有26个学生，但是我们只有20本课本。

◎ 学校因为下雪而提前放学，有些学生的家长不能提前来接孩子，因此这些孩子必须等到正常的放学时间。

◎ 杰里和劳尔总是吵架。

◎ 阿丽莎在网上遭受了欺凌。

◎ 课本中关于民权运动的章节内容不仅枯燥，还有可能不准确。

◎ 图书管理员每次只允许学生们借两本图书。

◎ 无线网络的网速太慢。

◎ 班上新来的学生的母语不是英语。

教师们应该意识到，并非所有形式的创新都需要通过以全年级为单位，并由具备正式评估流程的大项目来体现。为问题提供创造性的解决方案是一种思维习惯，是一种个人性格，还是一种人格的特质——这是个人责任中不可或缺的组成部分。

而且这种特质随着不断的反复练习将得到强化。

中极创造力

虽然学生无法呈现超级创造力，也很难对整个特定领域产生影响，他们仍然可以展示出原创性、发散性思维和学术以及课程讲授领域的艺术性创造，这就是所谓的中级创造力。中级创造力可以产出诠释技巧、技术形式的掌握、鲜明的风格以及技术、实践、商业或学术目标方面的成功等值得赞赏的成果。

此类的行为或想法可能不会如我们在创新方面通常期待的那样，上升到重塑世界的水平，但它们也可以产生显著的影响——尤其是对那些呈现出此类创意想法的人群而言。中级创造力可能已经充分地满足完成一项教师指定的学术项目的所有需求，而且这种经历也可能为学习者提供实践的机会并培养他们的自信，使他们终有一日可以勇敢地尝试超级的创新行为（详见图4.1）。

我曾经共事的大部分任课教师和图书管理员在每天的日常工作中都展现了中级创造力，他们的课堂之所以效果良好，是因为他们总是在尝试新事物。当所处的情境要求他们用新的方式来行事时，他们可以思考，并采取相应行动。他们通过充满智慧的方式，改善

图 4.1

和利用技术。他们的工作或许不会改变整个世界，但是他们的创新一定改变了每个学生个体的世界。这些伟大教师中的大多数人，也许终其一生也不会登上维基百科的名人条目，但对于他们的学生以及他们的同事和工作人员来说，他们就是创新的典范。你此刻一定猜到了我说的是谁——你也可以成为这样的人！

可以培养创造力的领域

现在，让我们进一步详细地探讨一些可以让学生展示前述中级创造力的方法。

霍华德·加德纳（Howard Gardner）在其1983年的著作《智能的结构》中提出，教育工作者应该延伸他们对于智能的定义和看法。我们不应仅仅将那些阅读能力、写作能力和数学能力都上佳的孩子视为聪明的，加德纳让我们也开始考虑那些在视觉和音乐艺术方面呈现艺术天赋、那些在运动和舞蹈方面呈现出色身体素质，甚至是那些表现出超越常态的精神和生态能力的孩子们，都应该被视为天才儿童。

而我的建议是，我们同样也应该扩大和延伸我们对创造力的看法。如果你能够回忆起我们在本书第2章探讨的内容就会记得，与智力相关的创造力，如果能够与增添技能方面的原创性因素的能力相结合，可以产生十分高效的成果。才华和天赋都是天生的能力，可以在特定的创新领域展现出超越常规的技能（详见图4.2）。

尽管看起来有点儿武断，我还是选择了七种领域，作为创造力领域，因为我在这些领域可以看到各年龄阶段的学生都展示了创新的能力，并且在这些领域，学生们的创新能力可以得到反复的锤炼和认可。

1. 艺术

这是我们大多数人在想到创造力的时候会想到的传统领域，是超级创造力的主场领域之一。这个领域的确十分重要，即便在经济层面的重要性不是很明显，其在文化层面的重要性不言而喻。

图 4.2

作为一个曾经做过英语教师和图书馆管理员的人，我尤为欣赏那些可以展现出文学的艺术性的学生。就我个人的经历而言，正是十一年级阶段的一次写作作业让我发掘了自己在写作方面的浓厚兴趣。当时，我们需要回忆自己儿童时期的一件事，并以此为主题写作，但不知为何，我选择了用某个虚拟的低一年级的学生的角度来讲述这个故事，并且还写得挺搞笑的。当时的写作课老师法莫夫人十分好心地将我的这篇小作文作为最佳写作范文,并在全班分享，而她的这个举动，对于当时我这个冷漠又懒惰的学生来说，成了改变我一生的行为。

孩子们天生就是讲故事的高手（有的时候你甚至很难阻止孩子们编出各种故事）。在要求孩子们创造完全虚构的角色和事件的同时，我们也可以要求孩子们通过叙事的口吻写作，这可以成为孩子们分享他们所开展的研究、实践，甚至是分析的结果的一个强有力手段。

尽管写作仍是我们要求学生完成的最普遍的学科作业之一，作业展示也同样重要。能够站在一群观众面前，以清晰和令人信服的方式传达思想，是一项终身的技能，并且其使用的频次可能与写作同样多，甚至会比写作用得更加频繁。而有效的展示，通常在演讲之外还会结合好几项不同的技能——包括组织、展示、互动、写作、表演，并包括运用了幻灯片作为辅助手段的设计能力，而往往最佳的演讲都是有效的演讲，因为它向我们呈现了我们从未见过的新事物，或以全新的方式呈现了某种已知的事物。我的孙子保罗所尝试的达伽马的演讲——激发我创作本书的原因，就是一个很好的例子。

当然，素描、绘画、雕塑、摄影和设计等传统的艺术创作形式在教育中同样也起到了十分重要的作用。然而，为学生提供的视觉艺术方面的技能和训练（以及让学生们能够接触到历史艺术和当代文化中的伟大作品）已经很不幸地沦为选修课，或降级到了小学课程课外活动项目的地位，只是为了确保学生能够挤出更多的时间来学习所谓的“基本技能”。

音乐的艺术性可以通过各种各样的方式体现。学生可以在演唱的同时自己玩乐器，还可以自己谱曲，可以自己做导演，可以将音乐和戏剧结合以创造舞台音乐剧。但同样不幸的是，在前述领域的正规教育也已经沦落到了小学阶段。到了初中和高中阶段，所有这些都被划分为课外活动项目。尽管课外活动的种类在不断丰富并具备更深刻的意义，但对于很多青少年来说，这些才应该是学校教育最具备意义的部分。我不禁觉得，因为我们没有唤醒孩子们对这些活动重要性的重视，我们实际上正在给太多的孩子帮倒忙。毕竟，这些技能所伴随的创造力在孩子们的一生中都扮演着极为重要的角色。

技术的进步使得大多数的学生可以利用各种媒体渠道成为极富创意的沟通者，而且这些渠道绝不仅限于写作或面对面的谈话，具备了跨媒体沟通能力的学生可以用全新和有效的方式来利用声音和视觉效果进行交流。所谓的跨媒体沟通能力包含了拍摄和编辑静态照片的能力、拍摄和编辑视频的能力、制作录音的能力，以及使用设计工具来创建图形、网页、图纸和图表以更清晰地表达想法或解释概念，或解读数据的能力。

所有这些创造性努力的重要性就体现在，将科学技术工程数学教育运动（STEM education）（即强调科学、技术、工程和数学等学科的教育）变成了科学素养教育（STEAM education），新增添的A代表了艺术学科。我认为，教育界、商业界以及整个社会在整体上都已经意识到，没有艺术学科中蕴涵的创造力，不能实现创新的工程师，即便是拥有最出色的技能和知识，也不可能对其行业产生任何实质性的影响和改变。

2. 学术

在教育行业，或许我们需要厘清的一个最大错觉便是：创造力在数学、科学和其他的具体内容的领域等传统的学术方面不具备任何作用。我们在教育过程中，一贯注重标准、事实性的知识、实用的技能以及公认的方法等，反映出教育界对本书第2章中所探讨的实操技能的强调。实操技能固然至关重要，但仅具备实操的技能是远远不够的。如果不能通过个性化和创新的方式来加以利用，所谓的技能和知识不过就是初级的原始材料，永远也无法制成具备真正价值的东西，而且其所涉及的学习过程也不能被称为参与性学习，因为其并未涉及任何具体的个人。正是这些所谓的“内容领域”中蕴涵的创造力，才有可能通过新的技术、新的政府行为以及社会正义的新观点来推动文明的进步。

我们每个人与谷歌、维基百科、YouTube等网站几乎无处不在的连接，导致很多深思熟虑的教育改革者对事实性信息的记忆的价值提出了质疑。当搜索引擎可以在两秒钟内给出每个州的首府所在地的准确信息时，学生们是否真的有必要再去背诵每个州的首府名称和位置？当互联网工具可以代替我完成一个书目的索引时，我是否还需要知道如何去手工创建一个书目索引？当在电子书界面输入一个未知单词后电子书可直接显示该词汇的定义时，我们是否仍需要花时间（且大多数时候效率颇为低下）去教学生词汇表？如果我们改为传授学生更好的检索方法、评估检索到的信息的质量的有效评价方法，以及花时间去要求学生讲此类信息用于解决真正的问题，那么我们的教学时间是否花费得更有价值？让学生的学习具备真正的意义，而不是简单地掌握一个考完就忘的选择题正确答案信息是否会更好？难道所有的测试不应该都变成开卷考试吗？或让其成为在线考试？

在许多特定的领域，我们需要在思考和解决问题的过程中引入创造的能力。我将下列领域排除在外，是因为这些学科和领域存在极为严格的约束条件。

其中一个是数学和数字问题解决领域，从最简单的加减乘除等基本内容开始，数学一贯秉持一套相对僵化的原则和技巧。某个问题，从数学层面来看，非错即对，中间不存在任何模糊的可能性。因为，3加3永远都只能等于6，而且直角三角形弦的平方永远等于两条直角边的平方和，难道不是吗？或许我们真的不需要奇思妙想的数学学习者——我个人的经验是，在很多学校的课程设计中，对数字事实的记忆的强调要远远超过对计算能力的重视。

其次是编码和计算机编程领域，这两个领域与数学领域高度相关，并且性质类似。如果程序的命令无法正确排序，则程序将无法运行。

但我们依然可以培养学生在解决数字问题方面的创造力，有可能学生提供的答案依然会被统一判定为正确或有效，但个别学生做出的正确答案的选择，仍可以是十分个性化和创造性的。强调数学的应用是创新的数学教师中逐渐体现的坚定发展趋势，能够确保教师们掌握允许学生通过创新的办法来解决数学问题这一关键技能。知道如何计算矩形的面积也许是必须掌握的基本知识，但是知道这个知识可以用来确定在粉刷自己的房子时需要购买多少涂料，也需要足够的聪明才智。运用数学能力来解决现实世界的问题（例如降雨不足对当地经济将产生什么样的影响），允许人们发挥创造力，让抽象的概念变得具备现实意义，同时帮助人们掌握运算的能力，即不仅仅知道如何完成简单的运算任务，也能够利用数学来更好地解读身处的世界。

我们的科学课程也同样强调对大量事实信息的切实掌握。我们大多数人可以很容易区分生命体和非生命体（尽管当我要求一年级的学生将塑料厂进行分类时难倒了所有的孩子），合格的化学家需要掌握金属和非金属之间的差别，优秀的物理学家必须理解物理定律，天文学家应该能够告诉你彗星和流星之间的差异。

但是，同数学这门学科一样，所有这些原则、定义和理解必须同时具备在现实世界中的创造性应用——而创新的教学方法将可以使它们具备现实意义。

一度十分流行的T恤衫上曾这么写道：“好吧，又一天过去了，我还是没有用上代数知识。”尽管这样的俏皮话很容易被人当成笑话，但它反映了当今教育体制中一个十分现实的问题：超过90%的学生表示，在将来不打算从事科学、技术、工程或数学相关的职业。

虽然我个人十分喜欢历史，但也很庆幸自己并没有成为一名历史教师，因为我对优秀教师的定义是：这个教师本质上可以让学生相信自己所教授的内容具备价值，而对于我们大多数人来说，所谓的价值必须是相当务实的，而不是什么形而上学的东西。尽管我相信，了解过去的历史人物和事件将让我们可以更好地理解自己身处的当今世界，但是从未有任何一个老师可以成功地说服我相信，历史相关的信息可以通过任何方式帮助塑造或形成我每天的日常生活形态。或许这些知识可以帮助我在“打破砂锅问到底”（Trivial Pursuit）等常识问答游戏中获得高分，但是标题中的“常识”二字往往让我感到十分困惑，我可以将文学、地理以及世界上不同种类的语言的学习统统划分为“可有可无”的知识这一类别。

当然，我并不是说我们可以停止这些科目的教育，但我们的教学活动肯定要超越当前的课文朗读、收听演讲以及死记硬背以通过考试等现行模式。

前述领域中的杰出教师们，总是会想方设法找到途径，将他们所传授的知识与当前的事件和孩子们自身的生活联系起来，这也为学生们提供了一个平台，让他们可以创造性地解释和创造性地进行沟通。罗马帝国的灭亡与美国当前的社会崩溃是否存在相同或不同之处？我们是否可以从那个时代汲取教训以解决我们国家当前的问题？圣雄甘地的想法对印度产生了什么影响？你是否同意这些想法——并可以对它们加以利用？在阅读《安妮日记》之后，我是否更好地理解了第二次世界大战期间欧洲的犹太人面临的困境，以及在我们当前的社会中，是否有任何群体仍然面临着同样的情况？

如果缺乏必要的关联性，缺乏通过个性化和创新性的方式，只是进行运用的能力，任何一门学科都将成为孩子们教育路上的学术障碍物，而孩子们只能快速跳过它，并随即将其抛之脑后。

3. 体能

儿童和青少年都可以同时通过自己的身体和头脑来展示自己的创造力。在探讨体能领域的创新时，我指的并不仅仅是面部穿孔或文身。值得庆幸的是，动觉型的人才在我们的现代文化中得到了广泛的赞赏和推崇。电影明星、专业运动员和歌手不仅能够亮出自己的歌喉，还可以同时以有趣的方式舞动自己的身体，这不仅仅展示了他们的才华，还展示了他们身体的创造力。

体育在我国目前的教育体制中，有时看起来似乎处于与其重要性不太匹配的地位。在大型体育盛事中对天才运动员的认可是毋庸置疑的，但无法确定的是，这些运动员有多大的空间可以去施行创新——例如设计新比赛方案、新的团队组合或其他非传统的技能，1968年奥林匹克运动会上的背越式跳高就是一个体育创新的经典案例。

毫无疑问，我会将舞蹈纳入可以表达中等水平创新得到的领域范畴中，无论是芭蕾舞、民族舞或是国标舞，舞蹈将艺术变成了动态的艺术形式。戏剧性融合了演讲、文学，有时是音乐，我认为这本质上都属于体能能力的范畴。优秀的演员能够独具匠心地出演自己的角色，通常情况下，表演越是有创意（尽管有的时候与常规表演之间只存在细微的差别），获得荣誉才会越高——这一点不仅适用于奥斯卡奖得主，也适用于所有学校级别的表演。

4. 人际关系

正如我在本章开头所阐述的那样，我真的十分欣赏那些与我共事并且能够在每天的日常生活中呈现出日常生活创造力，并创新地解决问题的人。能够为棘手的人或技术问题提供完美的解决方案所具备的原创性，事实上并不亚于莎士比亚原创的十四行诗，甚至比后者更具创意。

很多学生在人际交往领域可以展现出很多创新的方法，有些学生天生就很受欢迎，并且看起来可以跟学校里的所有人都打成一片，他们不过是发现了将多种不同的人格类型与一系列的价值观和利益联系起来的方法。

只要给予机会，每个孩子都可以成为学习小组和项目团队的伟大管理者。他们能够认识到并充分利用别人天生的能力，帮助后者在团队中发挥协同的作用。可悲的是，太多的成年人错误地认为，自己的角色是这些团队的主导，因而不愿意让孩子们进行自我指导——并且也不愿意为学生们提供机会让他们自己巧妙地解决自己的问题。

作为一名曾经的教育工作者，我在工作中体验到的一个最震撼人心的经历便是，学生们在设定课堂规则、图书馆政策，以及团队规范方面所做的事情，远远比我自己亲自设定这些规则时要做得好。因为那些对我来说无关紧要的事情对学生们来说则事关重大，而那些对我来说至关重要的事情，学生们理所当然地认为不重要。在一次技术咨询委员会的会议上，成年人们正在商议，是否要出台禁令，要求不得在校园内使用数字音频播放器/录像机等时，一个男学生勇敢地站出来解释了自己对MP3播放器的使用。他用MP3将老师的教学指令录下来以做回顾、复习自己IDE法语单词，在吵闹的学习室里隔绝喧嚣以避免注意力分散，因此，委员会最终未通过对前述科技的禁令。当一个教师就是否可以将手机带进教室的相关规定咨询学生的意见时，学生们一致同意，如果他们将手机带进了教室，那么他们同意将手机放在桌子上显眼的地方，这就是一个十分具有创意的解决方案！

无论是竞选做班长或毛遂自荐去领导一个外卖服务项目，学生们都可以展示出一种不可思议的能力来激励和鼓舞他人。我们地区的一所高中，有个学生特别积极地领导了一次性发泡板和餐具的回收运动，只不过是因为他觉得这么做更环保，这种努力竟然赢过了利欲熏心的食品服务主管的抗议。

这些展示出超强人际创造力的人群共有的一个元素往往是幽默感，也许，这种能力也同样属于好几种中级创造力的领域——包括写作、艺术和表演等，但将看似毫无关联的观点进行糅合，出乎意料的话语的使用（例如，一个男人走进了一个酒吧，然后他说“哎哟”），以及能够直面荒谬的情境等诸多能力，都是幽默感的标志。尽管作为成年人的我们有时候会觉得，班级上的小丑式学生很招人烦，但我们必须承认，他们往往是班级的闪亮人物，而且也是优秀的领导者，并且，当他们具备了通过幽默的创意来解决现实问题的能力之后，他们甚至能拥有辉煌的前景。我乐于认定自己作为班级笑星的个人经历，也让我具备了用幽默点亮无趣的员工会议和工作坊的能力。对我来说，具备自嘲的能力是勇气中必不可少的重要组成部分。

5. 创业

我们肯定都认识一些特别会赚钱的孩子，他们帮别人打理草坪、铲雪，甚至当保姆照看孩子。这样的学生在毕业舞会能想到卖胸花，或是为其他学生提供非法的产品，但这群孩子也会自然而然地组织烘焙食品售卖会或洗车活动，以募集西班牙语俱乐部前往墨西哥城需要的资金，而很多学生也通过行车外卖以及其他慈善活动展示了自己的公德心。

高品质的商业和技术教育课程肯定可以意识到创业心态的重要性。

企业家总是能够在组织内部或社会中找到尚未得到满足的需求和商机——并且能够找到满足这些需求的方法，他们往往善于自我激励，并且经常受到使命感的驱动，而且一般情况下会创造自己的企业或产品。企业家的概念也渐渐越来越多地运用到了组织机构内部的个体上（被称为内部创业），这意味着个体会寻求内部的机遇和技能的发展，以确保自己及其职位不会被时代淘汰。

传统上，服务机构和DECA等商业教育俱乐部会在学生中使用和发展创业的创造力。但我在想，是否所有的课堂都应该从现在开始以某种方式融合这个理念，并提供类似的机会。创业者需要勇气、坚韧、创新和理解，但是我想，只会死记硬背教材的学生应该没有办法培养出这样的精神。但是，如果他们能够自己编制并销售教材的话，就另当别论……

6. 精神

我们知道孩子们的自我意识很强，他们可能会深切地感受到一首诗歌或一个缘由，也可能十分痴迷地相信某个宗教的戒律，甚至似乎已经形成了自己的一套道德原则。我将这些能力标注为精神的能力，而在这个领域，我们最受尊敬的宗教领袖就是这个领域的伟大创造者。

鉴于美国文化中信仰的多样性，并且一个自由的社会应允许其公民实践自己所选择的信仰，公立学校在“传授价值观”方面一直十分谨慎地保持二者之间的差别。当然，这是十分理想的概念——而且其施行需要在不同的情境下进行解读。

然而，学校自古以来就承担了传授和强化某些特定道德价值的社会责任，尤其是那些直接关系到公民和学校行为的价值观。在当前社会中，数字化的公民意识，即安全和适当使用在线资源，已经为大众所接受和理解，并被认定为必要。联邦政府技术资金的到位，依赖于网络安全课程的到位。当我们教育孩子们在全新的网络世界中学会如何不伤害他人以及如何保护自己不受到伤害时，聪明才智和创造力是否会在其中扮演一个重要的角色并继续发挥作用？

在精神信仰和价值领域培养创造力，对于很多学校而言是一个十分冒险的任务，且其原因可能是多重的。但是我相信，教育必须意识到，要求学生深入思考道德信仰，尤其是那些适用于社会具体条件的信仰，也是一个鼓励发散性思维的机会。

7. 学术生存

我将这一点放到最后来分析，是因为这可能是我展现了个人创造力最高水平的一个领域，用学术生存来描述找到借口、操纵大人、作弊而不被抓等能力，可能十分具有欺骗性。

哈佛商学院的弗兰切斯卡·吉诺（Francesca Gino）发现，作弊和创造性思维往往会捆绑出现，“要有创意，就要具备打破常规的思维能力。当你规规矩矩的死抠规定办事时，无论这个规定是社会层面的，还是法律层面的，甚至只是公司的职业道德手册规定的，你都很难实现创新”。

掌握所有捷径的儿童（以及成年人）往往十分重视那些真正值得完成的任务，并且认为既然学校的工作不值得完成，因此也不值得花费很多的时间来做好。我个人的学校作业第一定律就是：不值得做的作业当然不值得花时间去做好。

在某种程度上，作为教育工作者的我们也将这个原则运用到了教学工作中。

混迹在各个社会经济群体中的许多学生的时间表几乎跟我们成年人一样的忙碌和紧张，功课、运动、活动以及家庭责任让时间也同样成为学生群体所稀缺的商品——尤其是对于那些致力于奋斗的学生而言，我这段论述旨在为那些极富创意的走捷径的学生正名。

如果教师布置的任务不具备任何原创性，不要求高水平的思考技能，并且没有试图贴合学生的现实生活，那么我敢断定，教育工作者也应该承担起学生剽窃或其他形式的欺骗行为的部分责任。仅仅达到了布鲁姆定义的死记硬背和理解水平的项目或任务，通常会被学生视为一项不值得花时间完成的任务。再考虑到其实大多数孩子可支配的时间有限，谁又能责备他们把个人作业也变成了小组任务？

如果我们布置的作业没能帮助学生掌握必备的学术技能，更遑论必要的终身技能，是因为他们为了在最短的时间内完成一个毫无价值的任务而选择了抄袭，或通过其他的捷径来完成，那么这其实是我们（教育工作者）的道德失败。

当然，我并不是说在学术生存技能上体现的创造力值得鼓励，但我们必须意识到这个问题的存在——因此我们或许可以提供更高效的方式。

一些人，包括儿童，有可能只是纯粹的无心向学。我知道这些人存在，因为我就曾是这么一个无心向学之人。但是我敢打赌，部分被我们认定为懒惰学生的孩子们，不过是因为他们对被要求完成的任务缺乏兴趣——而且，只要能够创造一点相关性，点燃一点创造力的火花，同样的方法也适用于这些人群。

无论我们教授的是什么科目，我们都有责任帮助学生发展他们的创造力，这绝不仅仅是艺术类教师的工作职责。

阅后思考和讨论

1. 希斯赞特米哈伊在超级创造力（大C）和日常创造力（小c）的定义在教育领域是否有现实意义？当所涉的创造力为超级创造力时，仅仅对创造力的认可是会鼓励或抑制教师在学生中激发此类创造力的意图？教育是否也同样需要给予中级创造力发展的空间？

2. 举例说明你自己或你的同事最近展示的日常创造力，我们的工作是否足够鼓励学生展示适用于真实世界的创新？

3. 在本书列举的七个创造力类型之外，是否还存在其他应该纳入这个列表的创造力类型？

4. 一些应该得到奖励的创造性学术捷径的尝试是否存在？

Teaching
Outside
the Lines

5

无用功必不值得费心思

激发创造力的项目学习有什么特点

1. 你热爱什么？

2. 你擅长什么？

3. 你想要改变什么？

——谷歌

谷歌的在线科学博览会项目要求学生在选择一个项目时，慎重地考虑以上三个问题。科学博览会的评判标准包括：

◎ 鼓舞人心的参赛人员或想法——它是否真的与众不同？

◎ 产生重大影响的能力——被展示的科学是否对我们周围的世界产生巨大的影响？

◎ 对科学的热情——你是否可以成为其他年轻科学家的模范榜样？

◎ 卓越的方法——在科学/工程的规划和实验的施行过程中是否真的展示出行之有效的技能？

◎ 沟通的能力——热情、清晰、自信，以及有效地利用媒体、图表和谷歌工具。

谷歌，我十分欣赏你提出的这些问题和标准，但是作为一家以创新闻名的公司，为什么你不在这里提出创造力？

使用形成性评估而非总结性评估

在你的日常工作中，你是需要参加各种考试或是完成各类项目？

作为一名技术主管，我的主要工作就是，要么我自己完成和管理一系列的项目，要么帮助我的工作人员成功地完成或管理这些项目，而对学生的设备进行部署和安排，也是一个项目，实施和维护网络、服务器，以及类似谷歌的教育App等教学资源也是项目，规划和提供有效的专业发展活动也同样是项目。这个列举可以无止境地继续，但我想，你已经抓住了我试图表达的概念，很有可能，作为教育工作者，你们的职责也会被看作一系列相互关联的项目。

我上一次参加“测试”是为了获得“谷歌认证”，这个测试要求你阅读一系列相关事项的操作指南，例如Gmail和谷歌网站的在线指导，然后你需要在阅读完每类指导后，完成一系列自控进程的多项选择题测试。为了通过第一个测试，我十分努力地独立学习了所有内容，然后通过了测试，但我随即意识到，这些都是所谓的“开卷考试”，这意味着，我在测试过程中遭遇难题时可以随时检索答案（例如，每个谷歌的用户可以拥有多大的谷歌硬盘空间）。

关于我这种在考试过程中直接检索答案的行为，可以有两种截然不同的看法：要么把它看成纯粹的作弊行为，要么把它看成谷歌为了考验我找到“正确答案”的能力和效率而设置的一场测试，因为这是一次限时的测试。我选择相信第二种，因为，基于谷歌产品的更新速度——每个月往往要更新好几次，任何死记硬背而来的答案可能很快就会沦为不正确的答案。

当然，我们有些人肯定需要参加考试，获取或重新认证其在专业领域的证书或许可证，例如，心脏复苏术、危险废弃物管理或驾照等。但是，我们大多数人在日常生活中都是以项目为基础的学习人员和管理人员，这些现实生活要求的技能才是我们要求学生要完成大量项目的根本原因。

项目中有可激励创造力的因素

各个学校的项目，在质量和效度上存在极大的差异。回想一下你参加过的小学科学展览会，如果我们用前文列举的谷歌评判标准来分析，有多少个参展的项目可被视为高质量？我敢打赌，火山模型和植物营养的实验就一定不会通过审核。用纸板做出一个火山模型进行展示到底有没有体现科学的方法？尝试用不同的肥料培育植物的孩子是否真的热爱园艺？

长期以来，就我们需要如何做才能提高项目的质量这一问题，我一直在进行思考和写作。那些沦为平庸，且常常导致抄袭或转述，或给孩子们带来极大困难的项目，与那些可以让孩子们全身心投入，教会他们重要的技能和概念，并最终实现真正的学习的项目，二者之间，到底存在哪些区分因素？哪些项目会允许学生进行创造和创新？哪些项目更有可能由学生自己完成而不是由家长代劳？

不幸的是，很多教师在参加会议或研讨会时，在认真听取另外一个教师介绍自己，记录了学生一起完成的精彩项目的细致流程和一步一步的详细指导后，回到自己的学校然后尝试同样的项目时，结果却十分不理想，而且类似的案例我曾见过无数次。难道传授经验的教师虚假夸大了项目的效果吗？我个人认为并没有。

对于成功教学经验所遭遇此类的结果，我将其称为：特许经营综合征。这就好像是，尽管有许多有趣的独立餐厅运营得相当成功，但其连锁店往往不太可能获得成功。而我认为，其原因就在于，尽管菜单、装饰和食谱均可以被复制，个体餐厅所具备的热情是无法照搬的。

这个道理同样适用于试图复制他人成功教学案例的教师，无论提供了多么详细的成功必备指导，除非学习的教师也同样对该话题或教学方法充满热情，否则复制照搬的实践永远也不可能获得成功。

因此，与其到处收集和学习无数的成功案例，不如让我们沉下心来，专注研究有没有那么一两个项目，具备释放学生创意火花的潜力，并同时实现技能培训的目标，同时看看我们是否可以推测出使这些项目成功的潜在有效元素。如果可以找到这些元素，我们就可以将它们运用到我们所热爱的任何一个项目中。

案例一：掌握数学的形状

汉森老师的数学课要求学生能够识别几种常规的几何形状：正

方形、长方形、圆形、椭圆形和三角形等。虽然在过去的课堂中，工作表和电脑游戏能够帮助她的学生掌握这些知识，但她还是认为，对于大多数学生来说，这些知识不过是与现实世界没什么关联的抽象概念。

鉴于学校现在有大量的平板电脑可以供学生使用，汉森老师决定利用这些平板电脑内置的照相机，帮助学生将数学学习与现实的生活联系起来。在一个星期的实践过程中，汉森老师让学生们把这些设备带回家，要求他们在自然界、建筑和自己家里的物品上面找到并拍摄10个不同的形状。

在拍摄照片后，学生们将照片导入一个绘图软件，并使用绘图软件的工具，将自己在照片中发现的形状用彩色加粗线条标注出来。在学生们进行这个步骤的当天，实验室的技术集成专家会在教室提供帮助。学生们将通过一个短清单来确保自己完成了项目的所有要求，其中一个标准就是：找到一个非常规的形状，并自主命名。

在所有的工作都完成之后，汉森老师会与每个学生进行一次简短的会面，讨论这次任务的情况——例如学生们都学到了什么、他们在什么地方遇到了问题，以及他们可以通过什么方法来对这些信息加以利用等，而项目要求的短清单也被用作这次面试的标准。当学生未能完成清单上的某项要求时，汉森老师会单独安排会面，并为学生提供额外的帮助或实践。

原始照片和经过标注的照片被放在了网上，供学生家长查阅，而这些照片也被打印出来，在教室里展示。

在回顾这次项目时，汉森女士看到了学生们在完成项目方面展现出来的超高动机水平，而且掌握这个数学概念的学生比例也变得更高了，而且最重要的是，在这个过程中，作为教师的汉森女士和学生们都得到了极大的乐趣。汉森女士正在写报告申请下一年配备五个课堂的平板电脑，并且决定为了这个项目寻找更好的画图软件。

案例二：民权运动的口述历史

查维斯先生所在的学校应全国的教学标准要求，需要确保学生能够展示自己对20世纪60年代美国的民权运动具备一定程度的了解。基于过去的教学经验，当他仅使用教科书和影片来教授这段历史时，查维斯先生发现，学生不仅对这段“古老的历史”不仅没有任何兴趣，而且往往单元测试的成绩也不理想，并且在本单元的学习结束短短几个星期后，就完全不记得这一时期的任何显著时间或经验教训。

因此，在图书管理员的帮助下，查维斯先生决定彻底改变整个单元的学习方法，他要求学生以经历过民权运动的当事人的口吻，创造一段口述历史，以展示自己对这段历史的了解。

查维斯先生认为，将学生分成不同的小组有着各种各样的技巧，他给学生们提供了下列指南以及该项目的评分准则：

你和你的团队必须能找到一个亲戚、朋友或邻居，他/她必须能够记得自己在20世纪60年代期间的生活，并且愿意分享自己关于那一段时期的经历。尽管你不需要提出特定的问题，但你的采访目标之一是，确定受访者能否告诉你，少数民族人群在那段时期所遭受的待遇与现代社会有何不同，你可以选择对他们的回忆和表述进行音频、视频或文字记录。

你还需要就该时期收集其他来源的信息素材——例如一本教科书的某个章节、某本著作或纪录片等，并将这些信息与你从受访者的口述历史进行对比和比较，然后试图回答这个问题：20世纪60年代的民权运动是否存在持久的影响？如果你觉得自己对那个年代有其他更具备意义的问题需要寻求答案，你的尝试值得鼓励，但在项目开始之前，请与老师沟通。

你可以自由选择调研结果的呈现方式：可以选取用幻灯片辅助的口头报告形式，也可以制作视频，或者采用书面报告等形式，示范性演示需要具备原创性和创意性。所有的报告将会被共享到网上，供校方和受访者查阅。同时，要求每位同学对自己从本次项目中学到的东西进行一个简短的书面个人反思，但个人反思内容不会被共享。

查维斯先生在课堂上花费了大量的时间帮助学生们制定小组规范，明确成员的工作职责并制定了时间表，设定该任务完成的最后期限。查维斯先生同样鼓励每个团队就已经完成的工作制定适合本团队的质量标准——并鼓励团队在自己的总结和最终展示上发挥创造性的思考能力。

在整个单元的学习结束后，查维斯回顾了每个项目的成果以及自己的努力。他观察到学生们变得更加投入，展示出高层次的思考能力，有些学生还在自己的总结和表达自己的调研结果方面都展示了创造力。他发现，评分标准要变得更加明确，一些学生在制作视频以及寻找资源时需要图书管理员提供额外帮助。对开展项目的学生进行的简短调查显示，尽管学生们觉得这个项目充满了挑战，但他们非常喜欢自己与受访者建立的个人关系，并且为自己最终的成品感到自豪。

尽管前面这些项目有着不同的教育目标，由年龄阶段差异化极大的学生群体完成，但是这些项目存在一些共同的元素，我们将这些元素划分为三个范畴：任务、活动和评估（详见图5.1）。

学生会重视的项目有以下特点：

1. 能够激励创造力的项目往往有着十分明确的目标和期望值。正如我在前文中写到的那样，优秀的教师需要能够保证学生能明白“为什么”项目具备重要性。汉森女士的项目让学生们明白了一个道理，即能够用几何形状来描述物体并获得认可的能力将使他们终身受益（例如，我想买一张椭圆形的桌子）。而查维斯先生则明白自己的一些少数民族裔学生仍在承受着社会层面的歧视，并且他希望自己的学生能够明白，歧视是可以通过国家政策得以改善的，并且两个项目都在所有任务开始之前就为学生提供了预期质量标准的评分准则和核查清单。

图 5.1

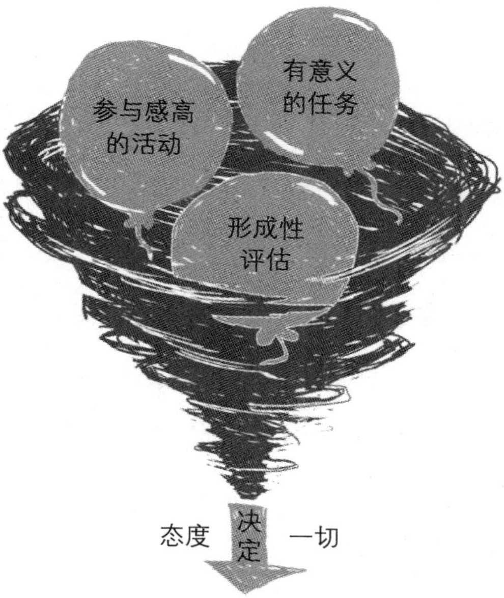

可促进创造力的项目

因此，学生们明确了解了每位教师的要求，然而，每种工具的使用都是为了鼓励学生进行创造性的思考。已经完成的项目模式，无论结果好坏，都为最终产品的质量提供了一个极好的焦点讨论话题。

2. 允许发挥创造力的项目也为学生提供了多种选择。如果一个任务的目标是教授基础知识（例如历史的事件如何影响我们当今的生活）或一系列的技能（如辨别几何形状），则学生所选择的具体案例差别不大，无论学生所拍摄的是一个带有圆形设计的玩具或是树墩，二者之间的差别大吗？深入思考后我们就会发现，这些项目不仅试图让学生掌握核心概念，还允许学生选取他们自己感兴趣的任何具体主题。

3. 所有鼓励创意的项目都与学生自己的生活存在关联。对于今天的学生而言，马丁·路德·金在华盛顿游行，其遥远性和真实性，同乔治·华盛顿穿越特拉华州差不多。但是，通过要求学生们去采访自己的家庭成员或是社区的邻居，查维斯先生为这些遥远的历史事件加入了活生生的例子和真实的案例，这些真实的故事能够引起采访者的共鸣。在第一个案例中，通过给自己周围的环境拍摄照片，学生们能够学会辨识真实生活中存在的几何形状。很多时候，当我们要求自己的学生研究一些重要课题——环境、历史或社会问题等，却未能帮助学生们理解为何研究的结果对当今的社会或生活具备重要的意义或连接性，因此，尽可能地确保项目与学生相关，无论是时间上、地域上或个人层面上。

4. 鼓励创造力的项目往往强调高水平的思维能力和创新能力。回想一下，一个要求学生为某个问题提供创造性解决方案的项目，与一个要求学生就某一问题的“相关”信息撰写文章的项目（例如，请列举教堂在民权运动中的角色“相关”的10个事实）之间存在多大的差别，应该想方设法地把学习的目标从布鲁姆的分类法的认知水平提高到分析、评估和创造水平（例如，“你在家中发现的三种最常见的几何形状是哪些？为什么你认为这三种形状可能是最常见的”）。如果一个教师对原创性本就没有要求，那么他们最可能得到的不过是对既有理论或结论的创造性抄袭。

5. 鼓励创造力的项目能够解决真实的问题。在案例二中，在项目启动初期，大多数学生不知道民权运动对自己所在社区的成员产生了多大的影响，查维斯先生可能自己也没有意识到这些影响。在项目一中，汉森女士在项目开始时根本不可能知道学生会拍摄什么物品作为三角形的例子。所谓真实的问题，指的是教师也无法提供一个先入为主的答案的那些问题。不幸的是，大多数的成年人不愿意去提出那些他们相信自己也没有答案的问题，而真正优秀的项目，只会试图去解答真实的问题。作为项目的附加福利，意想不到的成果也为教师们提供了一大堆有趣的阅读或审读材料。

提高学生参与感的活动包括：

6. 鼓励创造力的项目会涉及各种信息调查相关的活动。作为教师和图书管理员，我们十分满足于现有的参考书籍、教科书、期刊和普及版本的图书等十分熟悉的信息主要来源，但是对于很多个人的、地方的和实时的问题，前述信息源基本无法提供答案。尽管前述信息源可以完美地提供重要事实的背景资料，我们往往还需要跟专家进行交谈，开展调研，设计实验或检索其他类型的主要信息源以获得确切的信息。前述项目案例中的学习者花了大量时间进行二手信息的了解，但新的知识和创造性观点的产生却来自于访谈和原始的照片。

7. 鼓励创造力的项目都是实操性质的。前述两个示范案例中的学生都进行了采访，开展了网上检索，创建了演示文稿，拍摄了照片，并且进行了口头报告。案例二中，查维斯先生的学生自己运用相机去拍照和录像作为幻灯片素材。案例一中，汉森女士的学生则使用平板电脑拍照，他们学会了如何上传和修改照片。学生们通过实际的操练进行学习，而不是单纯依赖于课堂的讲解。我们同样需要注意的是，这些项目中锻炼了多少相关的实操技能：人际交往能力、写作技巧、访谈技巧、摄影技巧、布局和设计技巧以及演讲的技巧。

8. 鼓励创造力的项目高效地利用了技术。无论是规划、研究还是用于沟通，大多数的学生都发现技术的使用具备激励性，而范例中的学生们所使用的电脑程序，一开始并未以“激励学生”为目标。但正是创建原创性的内容和为这些内容设计适当的载体的挑战，赋予了相机、记录设备、图形处理软件、幻灯片制作程序以及网页建设工具——乐高玩具的虚拟网络版本等一系列优良的生产工具其激励的属性，而且理所当然地为具备原创性的使用者打开了一扇新的大门。

9. 鼓励创造力的项目所采用的形式能鼓励多种感官结合的优势。项目二中，查维斯先生的学生们不仅仅被要求通过文字来表述他们的研究结果，同时被要求提供听觉和视觉材料。我们将现存信息进行数字化的过程已经不再局限于书面文字，而是可以包括图画、照片、音频、音乐、动画以及电影等形式，所有这些形式全部都可以通过创新的形式来传达重要和独特的信息。通过要求学生以书面写作或口头表达以外的其他方式来呈现信息，班级中更多学生个体的“智慧”将得以利用和验证。虽然我是个擅长写作的人，我想我还是更乐意团队中的某个具备了优秀人际关系和设计技能的成员来进行历史的口述。

10. 鼓励创造力的项目通常是复杂的，但同时也往往被分解成为可操作的步骤进行。案例二中，查维斯先生帮助自己的学生完成的第一个任务就是为需要完成的任务设定一个大纲并创建一个项目时间流程以确保最终的完成。检查已经完成的工作进度往往能带来成就感，而学生也在这个过程中学会了一些项目规划和时间管理的相关能力。成年人都会被大型的项目压倒，更何况学生们？但将大项目拆分成较小的步骤，设定项目进度时间表，创建灵活的最后期限，并安排各种类型的会议等操作，可以将项目的复杂性变为可控性。这个项目的拆分对于大多数人来说，可以让我们“具备坚韧的毅力”，而正如我们从本书第2章内容中了解的那样，这也是获得创造性成功的必备因素。很显然的是，有效项目的一些任务通常需要一段持续的时间周期才可能完成。在学生繁重的学业安排中，这种课程会导致问题的产生，普拉特河（Platte River：从美国内布拉斯加州东部的奥马哈以南流入密苏里河）式战线拉得特别长的课程往往会导致泛而不精的教学结果。我们需要思考的是，一个有效的教学策略——以项目为基础的研究型学习，有没有可能在年复一年的积累之后，所耗费的时间可以少于通过更为传统的教学方式反复教授标准的教学方法。

11. 鼓励创造力的项目可以是合作型的且往往能够实现比个体工作更好的成果。案例二中，查维斯先生要求自己的学生进行团队协作，共同解决问题、小组内分配和接受工作任务并且挖掘和尊重团队个体的才能，这有助于产生协同作用，并实现比个体学生单打独斗开展工作时更好、更令人满意的工作成果。并非每个项目都需要共同的努力，但现实世界的工作环境越来越强调团队合作。校园内的团队合作不仅更愉快，也能提供机会让学生们锻炼自己在人际交往领域的创造性。请记住，学生们也可以在需要人际合作的项目中展示创造性。

能够帮助学习者的评估包括：

12. 鼓励创造力的项目所实现的成果会与关注和能做出响应的人群进行分享。案例二中，查维斯先生的学生们所获得的认可与那些只是参加了一场多项选择题的测试或写了一篇民权运动为主题的小论文的学生一样。那么，为什么学生还是愿意完成前述范例项目中所要求的大量额外的工作呢？这些孩子们之所以会心甘情愿，是因为他们知道成年人会真正花时间去细心地研究他们的成果并做出评价。而社区，无论是实体的还是虚拟的，都可以在线查看学生的演示并发表评论——无论是批评或赞扬。案例一中，汉森女士的学生们都知道自己的家长可以在校园开放日或家长会以及在网上看到自己的作品。同行、专家和邻居（以及除教师外的任何其他观众）的评估和审查在童子军、体育运动、戏剧、4-H（代表以字母H开头的四个英文词；head—头、heart—心、hands—手、health—健康）国际青少年交流活动以及音乐团体方面是常用的评估手段，知道自己将面对一大群观众的学生们往往会对自己的工作质量给予更高程度的关注。作为教师，我们需要直面有些孩子就是根本不在乎老师的看法这一残酷的事实。

13. 鼓励创造力的项目的评估是依赖真实有效的工具完成的，而不是纸面笔头的测试评估。学生在项目开始之初就拿到了核查清单和评分标准，并在项目进行的过程中数次使用这些工具来确定自己的进展。通过这样的方式，学生们很容易就可以发现哪些任务已经完成，以及哪些地方需要改进，这些工具提供了开展形成性评估的有效手段。当学生在开始任务之初而不是任务结束之后得到这些质量评估的指标，他们就可以利用这些指标来指导自己的学习并且将对质量的反复猜测降到最低限度。在共享时，家长可以成为质量把控的合作伙伴。随着学生对评估过程的熟练程度增加，他们应该可以自行选择或设计“质量评估指标”——而这也是真正具备创造力的人群所特有的一个属性。

14. 鼓励创造力的项目要求学习者进行反思、重新审视、修订和完善自己项目的最终成果。案例一中，汉森女士在与学生一对一的会面中甚至要求年幼的学生们也对项目进行反思——例如他们学到了什么，或仍有哪方面需要练习。项目二中，尽管查维斯先生的班级设定了一个项目完成日期，但学生们在截止日期后仍会在收到网站访问者和同学的反馈后继续编辑和修订他们的作品。对于很多学生来说，这个项目已经成为他们网上作品库的一部分，观察到自己的成长会给学生们带来满意度。创意性的作品，如园艺、音乐剧和人际关系，都是一致在不断进展的工作类型。

那为何不是所有的老师都可以设计具备前述一部分或全部要素的项目呢?

因为，我们还存在第四个要素，与态度有关。

态度决定一切：

15. 那些真正体验过真实的、以项目为基础的学习并且鼓励过学生的创造力的教师们，随着时间的推移会慢慢变得更加习惯于放弃对学生的掌控，也不再执着于最终的产出以及对所谓“标准”答案的追求。如果课程的某些内容没有得到覆盖，如果相互矛盾的证据造成混乱或所提供的问题解决方案存在争议，这些教育工作者们也可以顺势而为地化解这些危机，因为他们有信心也有足够的智慧来厘清所有存疑之处。

16. 这些教师和图书管理员更欣赏活跃的学生，而不是被动接受的学生。他们已经制定出全新的行为准则来强调学生的责任，同时培训自己的校长，让他们可以将主动学习的学生和行为失控的学生区分开来。因为实践不同于死记硬背的学习方式，所以其过程将不可避免地导致运动和噪声。

17. 只要给予足够的时间、资源和动力，所有的学生都能够实现高质量的学业表现，具备这一专业的信念至关重要。因为能够做出正确的选择、创造性地解决问题并完成复杂的任务，这些并非天才和天赋学生的专利。这些教师和图书管理员知道，所有的学生都可以上升到我们所期待的水平，伟大的创意可以来自班级里的任何学生，以及所有的学生都具备原创性的见解并具备执行它们的能力。形成性评估认为，学生成绩的变量是实现的时间而非天生的能力。

18. 那些能够实施令人兴奋的项目的教师们认识到，教师的专业知识应该体现在学生学习过程的指导、信息素养和学生创造力的发展，而非任何特定的学科领域。教育工作者的角色不再是既有信息的兜售者，而是成为信息使用者和创造者的引导人，教师作为讲台上贤能者的形象已经被网站上在线教育视频彻底颠覆。而最快乐的教师往往是能够跟学生在课堂上一起学习的教师，尤其是在学习新兴科技工具方面，而学生也同样会对这个传授的过程感到满意。

19. 教师的积极性变得比以往任何时候都更加重要。最优秀的项目往往出自那些热爱自己所从事的事业并对如何做好充满热情的教师之手，他们自己就对所设计的项目充满热情，并深信学生需要掌握他们所传授的信息。这么做的唯一缺陷是，特定的成功项目往往很难得出放之四海而皆准的操作，并且其他教师也很难通过学习和模仿获得同样的成功。所有的教师都可以使用本章所提供的项目原则和准则，但要确保一个项目能够适用于每个教师的每个课堂或每个学生群体，无论该项目设计得有多么完美，都是不可能的。

20. 所有开展此类项目工作的教师们都清楚，没有任何一个项目可以一蹴而就。但是他们没有放弃，坚持不懈地努力着，因此这些教师自身也展示着毅力这一美德。

而且项目必须具备相关性和重要性。所安排的任务对于研究者来说必须具备重要性，并能够给予研究者空间来发挥原创新的思维，也要为他们提供必要的方法来收集、解读和沟通这些独到的见解。如果无法实现这些条件，学生们也只会走走过场，敷衍了事。在这个时候，一定要牢记我的家庭作业第一定律：无用功必定更不值得费心做好。教师们最应该做的一件事情就是竭尽全力确保研究的项目设计得宜，并且具备内在的激励性。

在开展项目之前问问自己，自己的项目的水平对学生来说是否重要，并且是否具备了产出创造性成果的能力。每个项目都至少在布鲁姆认知水平分级的第三层级（分析、评估和创造水平），幸运的学生在接受教育的过程中能够参与第四层级的任务，并培养自己的应对能力和对自己创造力的信心。

水平层级	特性	主要案例	次要案例
第一层级	项目所涉及的话题十分宽泛，学生只要检索通用信息参考源，如百科全书或维基百科就可以完成任务。学生无法在项目和日常生活之间建立联系，项目不要求创造力也不鼓励创新。	我的项目主题是疾病。	我的项目主题是职业。
第二层级	项目回答了一个问题，这帮助学生们缩小了信息收集的重点。要回答这个问题，学生们需要通过不同的信息源搜索信息以得出可靠的答案。为了完成项目，学生们需要明确地给出一个有支撑材料的答案。尽管存在创造性答案的可能，该项目仍专注于事实性信息的收集。	该疾病的最常见症状是什么？	我正在研究的这个职业在将来有可能增加就业或导致就业下降？

（续表）

水平层级	特性	主要案例	次要案例
第三层级	项目要求学生回答的问题或解决的难题与学生自身息息相关。为了回答这些问题，学生们需要利用主要的信息来源（原始调查、采访、信息源文件等）以及辅助信息来源（杂志、报纸、书籍或网络等）。为了成功地完成这些项目，学生需要具备和展示高水平的思维技能，包括创造力等。	基于我的家族病史，我有可能会患上哪些类型的疾病？	基于我个人的兴趣和专业特长，我最应该选择的三个职业方向分别是哪些？
第四层级	项目要求学生回答的问题或解决的难题不仅与学生自身息息相关，还包含了决策者在制定政策或分配资金时可以利用的信息。项目的成果是一个具备充实支撑材料的论证结论，包括要求组织或政府采取行动的创新性呼吁以及分享和传播该信息的计划方案。	我和我的家族成员如何通过生活方式的改变来降低患上此类疾病的风险？	我的学校如何通过改变所提供的课程和机会来帮助我以及其他学生实现我们的职业梦想？

正如巴克教育研究所（BIE）——一家为迫切需要实施以项目为基础的学习的有效手段的教育工作者提供优秀资源的机构所阐述的那样，“基于项目的学习时代已经到来，来自不同年级和学科领域的数以千计的一线教师的经验，加上研究的论证，已经证实，基于项目的学习模式是一种有效而愉快的教学方式。”正如巴克教育研究所建议的那样，基于项目的学习模式要求内容具备实际意义，研究要求具备深度，研究的工作以问题为导向，学生在选择产品方面有自主权，项目的成果与课堂之外的观众分享，且学生的创造性和创新可得到“明确的指导和评估”。

既具备激励性又有意义的愉快学习经历不可能轻易就实现，它们要求周到的准备工作和有意识地吸取和利用过往成功项目的经验教训，所有参与学生项目的人员都应该不断地向自己提出下列问题：

1. 我们无法获得更好的项目成果，障碍是什么？

2. 我们如何才能创建更有意义的评估工具，以帮助我们更好地处理项目的不确定性并确保创新？

3. 我们要如何做，才能够确保所有学生都具备内在的动机，不断地创造、发现、评估和使用信息以实现终身学习？

终身学习对所有人而言都是不得不面对的现实，无论是对学生还是对于身为教育工作者的我们。

创新往往始于解决个人问题的需求

创造力的研究者普遍认为，大多数的创新不过是找到问题解决方案的过程所实现附带效果。苹果Ⅱ代是解决如何使计算机变得经济实惠又易于使用这一创造性解决方案的产品，“第三种道路”是解决政治分歧的创造性解决方案的产品，而《权利的游戏》是为数百万观众提供娱乐的创造性手段。吟诵《我是如何爱你？让我悉数它的方式》这首诗歌，可能是赢得爱人亲睐和表达一种难以言喻情感的独辟蹊径的方法。如果你仔细回想，会发现几乎所有的技术或技艺的改进、所有的艺术作品、所有新的运动战略，或成功、健康或幸福等领域的任何新理论，实际上都是受到未得到满足的需求和未曾解决的问题推动而实现的成果。

个性化教育这个理念已经在教育行业得到认可，差异化的教学指令要求以不同的方式来对待不同的学生群体，尽管个别化教育为个体学生提供了因人而异的教育。个性化的教育要求教师不仅仅将每个学生视为独立的个体，还需要将他们视为存在独特兴趣和能力的独特个体，而对于这些学生，我们的教学方法是将他们的学习与他们独有的兴趣和能力结合起来。

当我还是一个图书管理员的时候，就曾经遇到过一个特别热爱马的八年级学生，她坚定地认为图书馆里应该引进与马匹相关的杂志和书籍。她在自己的笔记本上画的每一幅画都是马匹，将自己所有的课外时间都用于照料马匹，在自己的4-H国际青少年活动交流项目中以马为主题，并且参加各类马术比赛。

不幸的是，她的历史老师要求她完成的任务是一篇以第二次世界大战为主题的研究论文。

鉴于任务已经不可能更改，我又刚好在这个任务发布之前观看了一部与第二次世界大战相关的纪录片，我从纪录片中注意到德国军队使用了大量的马匹，在不同战场之间运输战争物资。尽管所有人都知道在这场战争发生时，装甲车和其他现代化技术已经广泛运用，但这场战争依然大量地使用了马匹运力。

于是我随口向这位热爱马匹的女生提议，你为什么不将“马匹在第二次世界大战中发挥了什么样的作用”作为研究的主导问题呢？这个建议奏效了。这个建议帮助她将自己论文研究的重点细化，并且通过将事件与兴趣点关联起来让她对第二次世界大战这个历史性事件的研究产生了兴趣。作为教育工作者，我从这次经历中学到的经验教训是：将学术标准与学生的个人兴趣结合，不仅是可以实现的，还有可能获得极佳的效果。

那些最有可能获得创造性成果的项目，肯定是那些帮助学生们解决个人问题或个人感兴趣的问题的项目。

阅后思考和讨论

1. 创造力如何才能够成为基于项目的学习过程不可或缺的一部分?

2. 对于那些一天要面对超过150个学生的教师来说，个性化学习是否可以施行?

3. 巴克教育研究所的官网上称：基于项目的学习能够让教师们“重新发掘与学生一起学习的快乐”，这是一个切合实际的期望吗?在这个重新发掘的过程中，创造力有可能发挥作用吗?

4. 除了本章中提及的任务、活动、评估和态度等因素之外，我们还可以纳入什么因素来增加学生们展示创造力的可能性?是否某些元素比其他的元素更重要?

5. 将本章中“关于”类型的任务(例如“写一篇关于职业的论文”)进行修订，使其能够达到本章提供的评分原则的第三或第四层级的水平。向这些水平靠近的过程是否有困难?如果存在极大的难度，原因是什么?

Teaching
Outside
the Lines

6

至少给出三个答案

从普通课堂开始的创客教育

每个人天生就是创意高手，每个人在幼儿时代都可以用彩笔尽情挥洒自己的创意。然后，当你成长到青春期，大人们就拿走你的彩笔，取而代之的是枯燥无味毫无亮点的代数和历史等教材。当你很多年后忽然被“创意”击中的时候，你会意识到这不过是命运发出的微弱诉求，告诉你“请你把我的彩笔还给我”。

——休·麦克劳德

我希望你所寻求的并非成功的公式，或讲义，或单一的方法，或成功的“途径”。因为，可以激励创造力的课堂，本质上是一种文化——它不是成套的规则，也不是某些具体的活动，它是一种心态，是教师们可以在每天日常的教学中向学生传递的理念。

老实说，我也不确定创造的能力是否可以传授，但我知道，创造力不会无故产生。它的培育需要具备下列条件：

◎ 许可

◎ 鼓励

◎ 展示

◎ 示范

◎ 认可和奖励

◎ 发展

◎ 讨论

但是，能否将创造力作为一个独立的技能进行传授呢？到目前为止，我所阅读的和我所见到的任何东西，都不能让我相信可以这么做或者应当这么做。

这并不意味着我们在创造力的培养方面完全无计可施，我将在下文中明确阐释一些教师们可以有意识地在课堂上进行实践的方法，它们可以使教师和学生两个群体的创造力同时得到提高。

激发创造力的19个课堂实用方法

1. 杜绝“攒”，任何作业都应该禁止东拼西凑。我知道在很多项目中，东拼西凑的做法永远都更快捷、更简单，也更容易实现，但是我们也不应为此允许孩子们这么做。他们应该为自己的项目创建专属的视觉效果，他们需要自己扫描原始的图纸，通过画图软件自己创建插图，亲自拍摄和编辑照片，所有这些都不会是那些我们见过无数次的既存视觉素材的来源。让我们对相机、绘图程序、绘图工具以及扫描仪等设备加以创造性利用，而身为教师的我们，也应该在教学活动中以身作则做到这一点。

2. 要求信息至少通过两种以上的媒体形式进行分享吗，或以不同的写作类型进行共享。哪怕一项任务的最初要求是一篇书面报告，我们也可以要求学生通过其他形式来展示同样的信息，我从各种渠道了解到的一些信息展示的形式，在图6.1至图6.4中列出（详见117–120页）。

图 6.1

广告牌或布告板	辩论	古语或谚语	建议专栏
期刊	歌曲或歌剧	海报	恶搞的模仿
卡通	政策文件	读者来信或社论	展示
竞选活动	商业计划书	贺卡	维恩图解
剧本	课堂纪律	演讲	真实或虚构人物的日记
传说或荒诞故事	元素周期表	计算机程序	立体模型

我们人类使用了多种不同的媒介和风格来进行沟通，而使用多种介质和不同类型的书面形式进行交流，能够促使学习者从两种不同的角度来思考要表达的内容。我们鼓励通过创新的方式来传递信息，为孩子们提供尝试所有这些沟通方式的机会。

在准备下一章的教学内容时，思考如何使用技术来实现所有上述目标，如果必须使用技术，又当如何做。

3. 鼓励学生在书面或口头的陈述中采用叙述立场。有效的作业不仅仅会协助内容的传授，还能为学习的过程提供帮助。要求学生为研究的问题不仅要能够提供一个答案，还要讲述自己是如何找到这些信息的，遇到了哪些挑战，学会了什么新的技能等。

我个人最喜欢的一个案例是肯·麦克罗里（Ken Macrorie）著名的“爱搜索”案例，书的主人公是个女学生，她的老师要求她撰写一篇关于假期的文章。女孩听从老师的建议，打算通过采访当地的专家获得一手的资料。这个女孩有志成为一名消防员，于是她采访了当地的消防队队长，而这个消防队队长竟然有顽固的性别歧视。这次采访让女孩感到十分愤怒，于是她前往图书馆，检索所有可获

图 6.2

图6.3

木偶戏	情书、诗歌或歌曲	谜语	标志
歌词	调查问卷或调研	维基百科的条目	机器、工具或小配件
比赛	游戏	电脑游戏	电梯演讲
开场白或压轴戏	确认	时事通讯和杂志	播客
书籍护封	地图	随机记录	推文
评估	反应和综述	清单	评分准则

得的二手资料，研究一个优秀的消防员应具备的体能、情感以及智力方面的条件。她发现自己具备了所有必备的素质，然后她将自己整理的信息发送给了消防队的队长，在自己的总结报告中，她也讲述了自己的经历。这样一来，你是不是也觉得，她的报告一定会很有趣？

让学生的研究成为一段旅程，而不仅仅是一个目的地，要求学生讲述过程中发生的故事，但应着重强调创造性解决问题的策略。

4. 要求学生就一个问题提供多种可能性的答案，或就一个困难

图 6.4

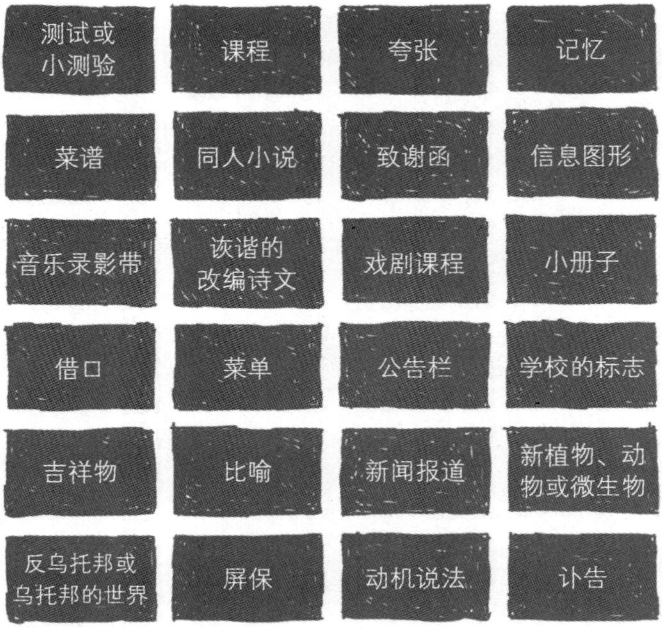

提供多种可能的解决办法。大多数阅读报告的成年人都具备政治见解或遭遇了令人费解的事件，并且已经意识到，仅凭单一的观点或解决方案很难真正解决一个问题。要求孩子们提供两到三个“合适的”答案，不仅可以让他们变得更有创意，还有可能培养他们的共情能力。

我在与孙子孙女们一起旅行时，有时候会玩一些纸牌问答游戏，但是我们有个特别的规则：我们必须提供一个不是给定选项的“正确”回答，并且解释为什么它应该是正确答案。例如，“什么从天上飘落，然后把地面变成白色的”这个问题，给定的唯一正确答案是“雪”。但是坐在后排的两个小家伙很轻易就找到了其他的正确答案，例如果树的花、雨雪、冰雹，甚至鸟粪！尽管最后这个回答不同寻常，但它也是对的！

不要止步于要求学生提供多个可能的答案，还可以要求学生将这些答案按照最好到最差的顺序进行评级，然后给出理由。

5. 无须要求一个“标准的”答案。在一个有趣的实验中，研究人员向小学的孩子们展示了一个三角形。研究人员告诉其中一组孩子，如果他们“按照正确的方式”完成图画，那么他们可以得到一分，而另外一组的孩子则被只告知“完成图画”。那些认为存在一个所谓的“正确答案”的孩子们中，80%以上的人画了房子，并且平均只利用了两种颜色；而那些没有被告知有唯一正确答案的孩子们，则创造了大量各不相同的场景（而不仅仅是简单的房屋），并且平均使用了五种颜色。太过明确和具体的例子，是否对创造力具备同样程度的抑制效果？

6. 对任务的“设计”也要评分。简洁性很重要，过去是这样，将来也同样适用。但是，当今社会的有效沟通者需要掌握一些基础设计技巧。如果你现在还没有掌握这些知识，建议你阅读罗宾·威廉姆斯（Robin Williams）的《写给大家看的设计书》。阅读全书大概只需要一个小时，但它会改变你对自己的作品所有的看法。在这本书里，作者描述了每个人都可以掌握的4个简单设计规则——

亲密性、对齐、重复和对比，这让你自己准备的材料也可以看起来十分专业——你可以向自己的学生传授这些秘诀。而且，为了确保公平性，要确保所有的学生都了解，设计将成为评估他们作品的一个因素。

7. 询问学生给出“错误”答案的理由。还记得我们在本书第3章里描述的乔治吗？他参加了一场标准化的考试，并遇到了“兔子吃什么食物”这样的问题，这个可怜的孩子不得不在考卷上画了一根胡萝卜，因为他认为出题人不知道“正确的”答案是什么。通过询问学生给出错误答案的原因，我们肯定可以消除此类误解，但有时这么做也可以带来令人耳目一新的解决问题的新方法。

与此相关的做法是，要求学生们展示自己的作品。这个要求最常出现在数学问题领域，但是，我们应该在接受最终的成品之前，首先要求学生们提交草稿，然后是草图，接着是最终成品的说明。优秀的教师对学生学习过程的兴趣等同于或甚至超过对最终成品的兴趣，因为这往往是创意见解首先出现的地方，并且也是使那些第一眼看去“错误的”想法产生有效性的阶段。

8. 使用那些会鼓励创新的技术。我早就感觉到，孩子们喜欢技术，是因为在学校使用技术是孩子们唯一可以发挥创造力的机会，哪怕只是选择幻灯片放映的背景图片，或是文件的字体，孩子们也可以进行一些选择。在接下来的章节中，我们将会自己研究利用这些工具进行搜索、选择和使用的规则。

9. 请学生帮助制定课堂规则、修改流程以及解决问题。学生可以也应该在非艺术的其他领域展示它们的创造力。你是否遭遇过必须制定和编写课堂规则但所有学生都不买账的难题？将这个问题交给你的学生，看看他们能不能提供创造性的解决方案。当我管理一个杂乱无章的图书馆时，我曾做过这样的实践，这些高中生将我又臭又长的规章制度清单变成了下面这些言简意赅的建议：

要使用这个图书馆你必须：

确保你所做的事情有用

确保你做事的方式也能让他人开展有用之事

尊重他人以及他们的财物

而这些规定的附加好处是，培养学生明白：自己的行为将对他人产生影响。这是我人生第一次不得不承认，这个完美的最终成品并非出自我的自己才智——而是学生们智慧的结晶。

你的班级里是否存在冲突或紧张氛围？我敢打赌，班上肯定有学生具备了创造性的人际沟通技巧，并且会提出解决问题的新办法。你只要尝试，就可以看到奇迹的出现。

10. 在传授技能的时候，学会欣赏学生个人的兴趣和独特才能。为了激发学生对某个学科的深刻的、广泛的和创造性的思考，我们必须确保学生们对该问题有足够的兴趣，这样他们才会真正地去关注。个人的兴趣结合教师布置的研究课题可能会激发创新，必备内容+个人兴趣=成功和独创性。请记住，我们在前一章中已经表明，所有的创造力都始于个人的问题。

11. 给学生的创造力颁布一个知识共享（CC）的许可协议，以示尊重。如果学生的最终成果不是自作聪明的借鉴或公然的抄袭，我们就可以要求学生签署一份知识共享协议。因为，对个人原创作品的认可以及认定该作品可以或应该被其他人用于自己的创造性过程中，这种做法已经形成了一种被称为知识共享的全新知识产权控制手段。

这项由斯坦福大学法学院教授和作家劳伦斯·莱斯格共同发起的运动，旨在对被大多数人认为过度保守的知识产权法提出强烈抗议，因为这些饱受诟病的知识产权法对利用公共领域版权的限制时间过长。但是，通过签署知识共享许可协议，知识产权的创造者（学生）可以公开让其他人拥有对其产权不同程度的使用权，并相信自己的作品可以被他人使用、改变和完善，更重要的是，它确保学生们认识到：自己的创作具备真正的价值。

这种方法的另一个好处是，它还要求学生们思考自己对他人受版权保护的作品的态度。如果你将自己定义为一个创造者，你就更能够体谅和尊重他人付出的创造性努力，并能理解，为什么盗版和剽窃是不道德的行为。

12. 尊重创新合成的作品。网络一代最重要的特点之一就是他们特别喜欢使用两个或更多商业媒体来创造新的产品。流行音乐领域一个长期以来一直流行的做法，就是将原创视频与一首流行歌曲结合起来，而且这并非个别学生的兴趣爱好，而是整个学校的风潮。

在学生的项目中使用版权材料一直存在争议，但在大多数情况下，对版权材料的使用，仅在严格遵循指导下用作教育用途，只有“具备改革能力”属性的作品，才可被视为得到了合理使用。在《重切、重塑、回收》（*Recut, Reframe, Recycle*）一书中，作者将在线视频对版权作品的使用定义为“具备改革能力”的使用并认为这符合了下述合理使用准则：

◎ 恶搞和讽刺

◎ 负面或批判性评论

◎ 正面评论

◎ 引用以激发讨论

◎ 插图或示例

◎ 附带使用

◎ 个人报告文学或日记

◎ 脆弱或显露性材料的归档

◎ 仿作或拼凑

创造力的一种公认形式是以独特的方式将两种不同的观点融合，而这难道不正是混搭的定义吗？

13. 教会学生正确地引用和使用他人的材料。我们在版权教学中最大的失误，是告诉学生不可以在自己的作业中使用他人的表述。尽管我们在使用他人的表述和作品时，必须注明其原始出处，出于定义、对比、澄清等目的和原因的信息引用是确保信息得以传达的一种有效方式。要知道，有时候，有些人就是能够把某些事情表述得特别完美，我们根本不可能找到更好的表达方式。如果学生认可他人的创造性和有效性也无可厚非——同样他们也可以利用这些创意来创建自己的个人作品。

14. 在教室里展示学生的作品时，请添加一些创意的空间。教室陈列窗应陈列学生们极富创意的作品，而非那些学习用品公司请来的商业艺术家的作品。学校的标志应该由学生们来设计和制作，为什么不让那些最经常进出浴室的观众们自己来设计那些无处不在的通道呢?

为什么学校的所有对内或对外的沟通渠道不能够全部交给学生来设计？无论是学校的网站、宣传册、手册和标志，都应该由这个学校的主人翁——也就是这个学校的学生来设计。

越来越多的学校利用大型的平板显示器来滚动显示通知，我们也可以很容易地利用这些设备，来展示学生创造性作品的图片或视频。

15. 在教室和图书馆中设置“创客空间”。创客空间致力于提供具备处理速度快、内存容量足够大，视频和静止图像编辑软件、音乐制作、录音、计算机编程、多媒体合成，以及3-D立体打印机等设备和功能的工作空间，这样的区域通常会提供绿屏拍摄的空间，在后期制作时其他的背景可以通过编辑添加到画面中。

即使在学校里，学校也为全体学生提供了以平板电脑或上网本为媒介的一对一指导，对于那些需要大量权限的项目，这些更强大的计算机已经成为必需品。由于图书馆已经从寻求信息的地方变成了制造信息的地方，数字化的材料已经代替了实体的材料，因此图书馆也应该重新进行规划以利用多出来的空间。

但如果是大概80平方米的大教室该怎么办？大多数教室至少配备一台“学生电脑”，如果不是人手一台的话。问问自己，这些机器上安装了哪些可用的软件，它们是不是只安装了寥寥几个旨在娱乐学生的教育游戏，或是一些旨在传授低层次基本技能或仿真陈述的、用过就扔的训练软件？有没有安装你的学生们可以访问的、具备生产力和创造力的工具？这些工具能够帮助他们制作自己的作品。

而小学阶段的教师们，请将自己的艺术和讲故事的区域作为重要的“创客空间”，并进行维护。尽管往往涉及诸多现代科技，但是创客空间本质上是一种理念——“以工具为中心的社区”，这些工具的范畴十分宽泛，可以包括从剪刀到建筑用纸到缝纫机到电路板到电脑辅助设计（CAD）/计算机辅助制造（CAM）等软件。

16. 修改讨论的设计，以允许学生提出不同的想法和兴趣。我们将在本书第10章中谈到，思维异于常人的思想家往往也是最难以共事与合作的人，因为这些人的问题和意见看起来似乎总是要领先、落后或不合常理。一位专家建议，将这些异乎寻常的问题写在白板上的一个专门区域，然后每周一次，集中进行处理。

17. 对专家们的创造性作品进行讨论。保持不断了解和搜寻别出心裁的案例、优秀的设计、创新的理念，以及其他形式的创意作品的习惯，并与自己的学生分享。我们可以提出的一些有效的讨论问题，包括：

◎ 这个方法与你见过的其他方法相似或不同之处在哪儿?

◎ 原创性的元素是什么?

◎ 这个原创性的产品试图解决的问题是什么?

◎ 这个作品呈现了哪些技能要素?

◎ 我们可以从中学到什么?

◎ 你是否同自己的学生分享过你最欣赏的创新者的作品？也就是那些总是会给你带来惊喜的人物或组织。

18. 将创造力作为所有评估标准的必备条件。我们将在本书第8章里更充分地探讨这一话题。

19. 从其他教育工作者身上寻找创意。保持思维的开阔，从其他图书管理员和教师身上学习创新的和有效的项目和实践。借鉴他人的创造性方法并将其用在自己的实践中，这个过程将需要一个强大的专业学习社区，我们将在本书第9章中学习如何建立这样的一个社区。创意不同于音乐，不可能直接混搭成曲。

在本章的最后，我刻意没有为这些建议标注前后顺序，是因为它们中的每一项都需要诸位格外关注。在本章开篇，我们就列举了作为教育工作者可以在培养创造力方面开展的工作：

◎ 允许创造力

◎ 鼓励创造力

◎ 展示创造力

◎ 示范创造力

◎ 认可并奖励创造力

◎ 发展创造力

◎ 探讨创造力

我觉得需要添上一条建议，我们同样需要：

◎ 尊重创造力本身和可以展示创造力的学生。

前面章节中，我们探讨了勇气如何成为创造性个体必备的关键属性。对嘲笑的恐惧导致很多人不敢提出不同的意见，也导致很多人无法设计出原创性的产品（我敢打赌，同样的情况也曾出现在你的员工会议上）。研究表明，“创意社区”在带动社区中每个独立个体的创造力方面非常有效。

就你个人对“错误的”答案、假设或观点将做出何种回应进行一次真实的评估，你是会立刻排除它们，还是纠正它们——或对它们进行研究？你自己是否承认，每个人都有一套独特的经验、观点和问题，并且所有这些元素可能在他的作品中会体现出来？你是否真的相信“没有一个问题是傻问题”这句古老的格言？你在做出评判之前，是否会深入了解更多信息？

教师对创意的尊重以及教会自己的学生学会尊重创意，是一个鼓励而非毁灭创造力的课堂中最重要因素。

阅后思考和讨论

1. 有人说，爱因斯坦曾经说过这么一句话："教师最重要的任务是，唤醒对于创造性的表现与对于知识的喜好。"你是否同意这一观点？

2. 回顾你学生时代曾经历的老师们，是否有些老师会在鼓励创造力和发散性思维方面做得更为突出？ 为什么？

3. 如何引导学生们在课堂上提出异乎寻常的意见而同时不抑制创造性思维？

4. 你和其他老师都有哪些方法来改善材料的引用——并鼓励学生对自己作品中应用的知识产权进行适当的处理？

5. 除了本章列举的创意之外，你在自己每天的日常教学过程中还实践了什么能够激励学生创造力的事情？

Teaching
Outside
the Lines

7

漂亮并不一定代表原创性

如何真正用技术激发创意

有人说计算机被用来设定孩子们的发展，但在我看来，孩子们才是为计算机编程的人。

——西摩尔·派普特

当被问及自己是否具备“艺术创造的能力”时，大多数人的回答都是：“没有，我甚至无法画出一条直线。”而我一直疑惑，能够画出一条直线到底跟艺术创造力有什么关系？

我相信，正在阅读本章内容的每个人，都有能力用纸和铅笔画出一座房子。

有些人的作品类似图7.1。

图 7.1

而有些人的则更精细，比如图7.2。

图 7.2

（图片来源：https://openclipart.org/detail/175864/Clipart-by-EricOrtner）

我认为，两幅作品之间的差别不在于作画者呈现的创造力水平，而在于作画技能方面水平的差异，两幅画作都不具备原创性元素，因为我们曾见过无数类似的房屋。

请记住，技巧是创造力的重要组成部分。有时候，我们不希望他人太过执着地追求事物的实验性质，我倒是宁愿我的牙医、航空公司的飞行员、报税员和桥梁工程师等具备相应的工作知识，并且能够利用自己的能力开展最佳的实践——除非出现了要求发挥创造力的问题。

但是这就引发了一个一直困扰我的问题：当技术允许一个人在未掌握任何程度技能的前提下，仍能够创造出看起来十分专业的作品时，技术到底是增加还是减少了创造力产生的可能性，且其影响程度有多大？

技术和创造力方面存在的错误观念

我花了不到一分钟的时间，将一些未经思索的文字输入在线图像生成器Wordle后，就得到了图7.3所示的云图，看起来十分专业，并且让我看起来像是个非常有才的人。我当然可以利用其他几十种，甚至上百种在线工具，生成类似看似十分专业的图片或图形。我还可以利用文字处理软件，或演示工具模板的内置剪贴画或风格，或在线搜索类似的素材。你是否曾经见过，无数的会议主讲嘉宾在自己的展示中也使用了类似的PPT配套图片？

图 7.3

图片来源：Created using www.wordle.net

我们教会学生们使用的这些新兴工具，并不能确保孩子们可以制作出可被认定为富于创意、原创性或发明性的作品，这是因为，看起来专业的东西不一定具备原创性。

是否存在一些更能鼓励创造力的技术

鉴于我也是一个技术部门的主管，家长们过去经常问我，应该购买什么软件让孩子在家里使用。呼应派普特在本章开篇处所陈述的观察结论，我常套用的答案是：你买的软件应该能让你的孩子操纵电脑，而不应该让孩子被电脑操纵。家长们现在经常问我，应该购买什么设备给孩子在家里使用，我常套用的答案也与前面的类似：你买的设备应该让孩子可以创造，而不是单纯的消费信息。隐含的意思就是，现代的信息创造者应当能够使用摄影、视频制作、声音和图形以及文字等软件。

我在市面上尚未看到完美的创造力设备，尽管我无意在技术发烧友在平板电脑和笔记本电脑/上网本之间的战争煽风点火，我开始觉得，一个人对技术的偏好可能是对一个人如何定义个人素养的最简单测试。

就基本配置来说，很多成年人关注的是实体键盘的需求，而其他人看到的则是后置摄像头的需求。对我来说，如果你倾向于选择一台笔记本电脑，就意味着你需要具备最基本的书写或编码等主要技能；如果你打算在自己的课堂上使用平板电脑，那么多媒体的运用能力——通过包括视频在内的多种形式进行沟通的能力则成了最基本的技能。

凭借其屏幕的优势，笔记本电脑粉丝们看到的是在短时间内在横向屏幕上快速阅读短篇文章的能力，这被他们视为素养。而大多数平板电脑具备以虚拟键盘为基础的阅读屏幕和更高的分辨率，这使得平板电脑更适合阅读篇幅较长的作品，如电子书等。

我们必须认识到，虽然笔记本电脑或是平板电脑都是完美的选择，因为二者都可能通过创造性的方式加以利用，但其中的关键并非其硬件配置，而是我们需要认识到自己在“素养”的构成方面存在的个人喜好和偏见。

电影娱乐一小时，摄影技术惠终生

在第1章里，我们探讨了参与度和创造力之间的关系，而将娱乐和参与度区分开来的一个最重要方面是，在参与的过程中，学生是主动而不是被动的。借用“授人以鱼不如授人以渔”这句老话，我们也可以简单地说：“给孩子放一部电影，你将娱乐她一小时；给她一个相机，她将终身受益。”

我们可以将技术的使用划分为三个简单的范畴：消费、生产和沟通。

技术的消费性用途包括：阅读他人的作品、观看图像、视频、听音乐和语音音频，以及玩一些主要用于娱乐的游戏。对媒体的消费本身不是一件坏事，我们通过前述的使用方式都可获得信息和知识，有些人甚至认为，玩任何类型的游戏都可以培养人的毅力和解决问题的能力。上述所有用途都可以让这些设备成为十分高效的保姆，对此每个家长和老师都已经深有体会。

技术的生产性用途包括：写作工具、头脑风暴的工具、电子表格、数据库、测量工具、视频和照片编辑工具、图形创作工具、录音和编辑工具，以及演示工具。这些使学生作品可以在线存储的工具可以成为形成性评估的有效工具，因为它们提供了作品分享、写作和通过评论实现的同行评估。

沟通工具以及下属的社交媒体工具，也可以用于教育用途，电子邮件、博客、聊天工具、短信、社交照片和电影共享、微博、视频会议以及孩子们经常性使用的好几十种其他工具等，尽管成年人尚未意识到它们的存在，它们也属于这个范畴。

还有维基（Wikispaces）等内容管理工具以及社交书签资源（Pinterest）等具备社交元素的分享型工具。

每种类型的工具都可用于鼓励创造力。

技术与布鲁姆的创造力分类

一些教育工作者和组织机构曾经尝试过对技能和技术应用进行分类，其依据是在布鲁姆的创造力分类中，这些技能和技术应用得到的使用方式。

在这个体系中，创造力出现了层级的划分，包括低层次的思维技巧向高阶思维能力等。这个列表中包含了一些经受过时间考验（一到两个互联网年）的特定产品以及那些不属于任何特定设备领域的专用产品，大部分列举的产品仅可以通过标准的网页浏览器进行访问和使用。鉴于谷歌的教育应用App、Office 365以及Zoho等应用具备了可适用于多种范畴的工具集合，因此在表中未对它们进行逐一列举。

所列举的内容仅可作抛砖引玉之用，但诸位读者可借此开启个人的探索之旅。

布鲁姆创造力等级以及相关动词	计算机辅助技能以及应用范例
记忆： 认识、列举、描述、识别、检索、命名、定位、查找、回顾 **案例：** 查找并列出洛伊丝·劳里的《记忆传授人》一书的5条评论	内容管理、简单的在线检索、思维导图、笔记工具、要点列举、重点突出、社会书签以及收藏等 **工具：** 谷歌搜索 Evernote Dropbox Wikispaces

（续表）

布鲁姆创造力等级以及相关动词	计算机辅助技能以及应用范例
理解： 解读、归纳、推理、释义、分类、归类、比较、解释、举例 **案例：** 将洛伊丝·劳里的《记忆传授人》一书的评论按照从最积极到最消极的层级排序	注释、推送、博客、订阅、高级搜索、博客日记、标记、注释等 **工具：** Pinterest 谷歌高级检索 博主 知名度 脚注 NoodleTools
应用： Implementing,carrying out,using,executing 施行、实现、使用和执行 **案例：** 采访一位读过《记忆传授人》的同学并进行记录	采访、模拟、展示、介绍、说明、运行、加载、玩耍、经营、黑客、上传、分享、编辑等 **工具：** 编码软件 Scratch 谷歌地球 Skype Big Huge Labs Motivator Screencast-o-Matic
分析： 比较、组织、解构、归因、概述、寻找、构建、整合 **案例：** 调查全班同学对《记忆传授人》一书的评价并以图表的形式呈现报告结果	构建、组织、调查、拼凑/混搭、链接、验证、逆向工程、破解、媒体剪辑 **工具：** SurveyMonkey Wordle ReadWriteThink RubiStar

（续表）

布鲁姆创造力等级以及相关动词	计算机辅助技能以及应用范例
评估： 检查、假设、批评、实验、判断、检验、检测、监控 **案例：** 向班上同学分享你个人对《记忆传授人》的评论，邀请班上同学做出评论并记录	讨论、会议、网络、发布、协作、评论、博客评论、点评、发布、监管 **工具：** Edmodo 维基百科 GoToMeeting
创造： 设计、建设、规划、制作、发明、制定、制定 **案例：** 为《记忆传授人》创作一个针对特定受众群体的广告	数字版的故事、视频编辑、动画、播客、广播、编程、拍摄、视频拍摄、动画制作、发博客、出版、视频广播、导演等 **工具：** YouTube Photoshop图像处理 Animoto Book Creator ToonDo Audioboom Explain Everything GarageBand iMovie Prezi GlogsterEDU VoiceThread Wet Paint 2.0

如何用技术学科教学知识（TRACK）模型评估

我常常被许多教师和技术人员所持有的“应用程序=快乐学习”的狂热信念困扰，“我们应该安装所有的应用程序！我们应该访问所有的教育网站！我们要平息自己的社交控，第一时间掌握每一个亮闪闪的代码！参加一个会议时，我希望看到的‘教师应该使用的5000个推荐网站’展示！撒花！”

我常常觉得，给予教育工作者访问苹果商店的权利，就像是允许孩子们在糖果店里随心所欲地采购。截至2014年，苹果在线商店已经宣布，其提供的教育类应用程序已经超过80000个。

毫无疑问，我欣赏教师们不断体验新事物的积极性和意愿，但我怀疑，有多少人真正的花了时间——或有这个时间，来认真评估每一个应用程序。这个产品是否实现了那些我需要学生们达到的标准？游戏是否处于一个适当的能力水平，它是否设定了年龄限制？教学视频是否采用了合格的教学方法，所下载的工具是否功能齐全，还是只为了引诱用户购买付费版本的试用版本？那些视频是否可在当前的设备上运行？该工具是否需要每个学生登录，而且该程序是否鼓励使用者发挥创意？

尽管市面上存在很多对软件进行评估的工具，我还是建议使用整合技术的学科教学知识（TRACK）的技术集成模式，这个工具操作起来非常简单，笔者将其描述为“一个利用技术确定教师们需要有效传授的知识的框架”，并将其包含的三个元素描述为“学科知识（CK）、教学知识（PK）和技术知识（TK）”。详见图7.4。

图 7.4

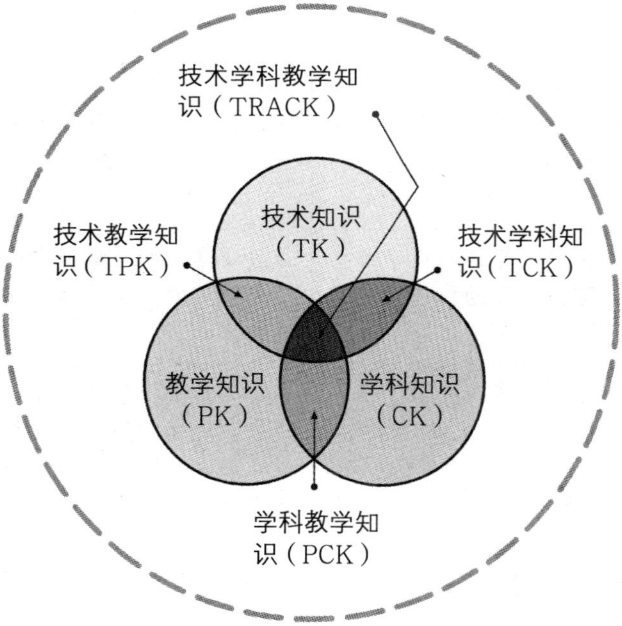

（来源：经出版商许可，由 tpack.org 转载，© 2012）

乍看之下，这个模型看起来十分复杂和吓人，再说，现在谁还真正的需要另外一个技术整合的模式？但是，一旦你掌握了上述模型中两个缩写字母的内容后 [学科知识（CK）、教学知识（PK）和技术知识（TK）]，就会发现，其实这个模型相对简单，并且可以用来仔细地评估软件、应用程序以及教育网站。

在要求孩子们使用任何技术资源之前，先以技术学科教学知识（TRACK）模型为基础完成一个简单的表格。如下所示：

资源标题：数字摄影。	案例：学生们将使用数码相机记录校园中所有生命体和非生命物体的案例，所有照片将在分类后在幻灯片中进行展示。
学科知识：这个资源将帮助你满足什么学科知识、技能组合或标准的要求？	学生将掌握生命体和非生命物体之间的差别，并可以区分二者。
教学知识：这个资源利用了哪些有效教学方法来帮助你传授前述学科内容？	通过将学习的目标设定为学生生活中常见的真实物品来增加学习的相关性。
技术知识：这个资源提出了哪些技术要求？ ◎ 硬件和操作系统 ◎ 互联网的可用性 ◎ 适合学生的年龄段 ◎ 确保安全和隐私 ◎ 复杂性 ◎ 完整版或试用版	需要为学生提供数码相机和演示程序，同样的操作可以在各个年级开展，但须根据年级调整不同程度的独立性。

在选择技术工具时，我们应该提出的一个重要问题是：这个技术对学生提出了什么原创性材料的要求。例如，这个程序是否要求学生提供原始的图片，或仅要求学生重新调整和使用程序中已经提供的剪贴画等元素？

标准的识别和教学法的确定，正是技术部门需要尽可能多的时间与教学和学习对口部门进行沟通的原因，其花费的时间，甚至会超过其维护服务器的时间，这是一种相互依存的关系。

重要的永远是学习任务而非所用技术

那么如本章开篇所举的案例：利用软件生成词汇云图的做法是否能够鼓励和允许创造力？

你认为这是一个很难回答的问题？

尽管我生成的单词云图本身没有展示任何创造性的记忆，但还是让我们考虑一下其他的因素：

云图是否使用了一个标准的模板？我使用了预创建的字体和颜色模板来创建该云图。勇于尝试的学生可能更深入的研究并修改这个设计，但无法创造属于他们自己的字体或云图风格。如果输入的文本来自神秘的故事或历史记录，那么刻意选择特定颜色或字体是否能让云图变得更加有效？

用来形成云图的文本有多大的原创性？这些文本是学生自己的作品，还是从其他来源中截取的文本？

即使是鼓励学生发挥“创意”的程序和网站，往往也会鼓励或要求学生使用特定的剪贴画和模板，而这往往会扼杀真正的原创性，并导致所有活动变成类似给图画书填色而非徒手绘制原创作品的活动。如同按照步骤指示搭建乐高模型，而不是通过自主的实验而创建原始的模型。

寻找那些可作为容器使用的程序,学生们可以在该程序中放置、编辑以及展示自己的作品。Animoto允许学生使用自己拍摄的照片，博客要求学生发布原创的作品，以及GarageBand允许学生们实验全新的音乐作品。对预先提供的剪辑作品进行简单的顺序重排，不能视为特别的创意行为。

这个活动的目标是什么? 如果任务的目标是要求学生们制作原创的图形，我们完全可以利用更有效的工具。如果布置任务的原因是学生需要对一篇写作的文本进行分析，并确定特定词汇在文本中出现的频次（这是分析政治性演说的一个有效办法），那么这或许就是培养一个原创性解读方法的良好起点。

能否激励创造力，根本原因在于所布置的项目，而非所使用的工具。对某种形式的创造力的预期是唯一可以确保学生会进行创新的方法，不要被中断产品的专业外观蒙蔽了双眼，并盲目地相信其本质上缺乏原创思维和有效性的伪装。

阅后思考和讨论

1. 那些允许使用者可以在不学习任何传统工具的前提下创造看似十分专业的产品的技术（想想CAD/CAM和绘图板），到底会增强还是削弱人们的创造力?

2. 是否存在一些能够自动激发用户创造力的技术应用程序？

3. 通过简单地观看图片——图形、图画、照片等，观众能否看出作品中有没有展示创造力？

4. 在学生使用的设备中，照相机还是键盘更受欢迎？

5. 为教育工作者提供的职业发展规划应如何才能将技术作为创造力的工具进行反映？

6. 技术是否影响了你个人的创造力？

8

有价值的事物并不都可以测量

评估在创客教育中的角色

创造力是21世纪的财富，而确保学生能够发展创造力的最好办法就是量化它，学生们将用创造力赢得相应的分值认可。

——泰瑞·海克

基于对来自美国、英国、德国、法国和日本的超过5000名成年人进行的访谈，一项名为“创造力和教育：为何创造力至关重要”的研究得出了一些有趣的行业结论：

78%的受访者认为，创造力在其当前的职业中很重要；

88%的受访者认为，创造力的培养应该被纳入教育课程；

94%的受访者认同这一观点：“教育中作者能够鼓励学生的创造性思维是非常重要的。”

但真正令人感到震惊的研究发现是以下这些：

80%的教育从业人员（工程行业从业人员的比例为54%）认为，“创新的技能是天生的”；

47%的教育从业人员认为，学校已经提供了足够的机会让学生来展示他们的创造力；

41%的教育从业人员认为，考试成绩是评价校园内和其他领域所获成功的最佳指标。

为什么存在如此巨大的差异？为什么当普通民众认为应该将创造力纳入教育课程时，教育行业的人员却认定创造力是一种遗传的天分？那么能够鼓励学生创造性思维的在职教师的比例有没有达到94%？

原因有没有可能是，作为教育工作者的我们对要求学生展示一些我们无法客观地衡量的东西感到不适应（还记得本书第2章中奈季兰老师面临的困境吗）？尽管开展以创造力培养为主题的工作坊给我带来了极大的乐趣，研讨会尝试解决的所有问题中，有一个领域我觉得自己的工作十分不足，这个领域就是创造力的评估。

即便我们提出了创造力培养的要求，我们又如何能知道自己是否满足了这一要求？能够就创造力明确地给出定义，一定是解决方案不可或缺的一个部分，即要求我们不仅仅需要肯定原创性，还需要明确原创性在多大程度上可以通过与技能的结合改善最终的产出，正如我们在本书第2章中所探讨的那样。那么，我们在明确定义之后，又该做些什么呢？教育工作者在衡量和评估技能和有效性方面积累了丰富的经验，但在衡量原创性方面并非如此。

用来帮助确定创造力是否得到展示的测试、评分标准、核查清单或形成性评估应该是什么样的，以及要施行到什么程度。

我首先要给诸位提出警告，评估大师格兰特·威金斯（Grant Wiggins）曾经警告过，无效的评估只会对创新思维的工作起到反作用。

糟糕的评分准则会扼杀创造力，因为这些准则要求公式化的回应。有效的评分准则要求的是优秀的成果，并基于学生足够的自由来创造这些成果。最低标准：如果你在自己的评分准则中将强有力的成果作为任务的目标，那么你实际上已经释放了创造性和主动性的自由空间。如果你罔顾实际的效果而强制性地要求固定的格式、固定的内容以及流程，那么你就扼杀了创造力并强化了既定的俗套成果。

我们是否需要“衡量”创造力，或是简单地接受这是个无法衡量的东西？创造力及其带来的影响是否可以分别进行独立地测量？

为何要费力评估创造力

◎ 如果你无法衡量它，那你是否能够证明它是可以学到的？

◎ 如果你无法衡量它，那么你是否能够对其进行客观的和始终如一的评价？

◎ 如果你无法衡量它，那么你是否能够期待教师们负责教授它？

◎ 如果你无法衡量它，那么它是否真正具备重要性？

创造力的重要性毋庸置疑，因此我们在评估自己的学生时应该给予重视。

然而，我看到了两种截然不同的做法：一种将其作为独立的质量进行独立性的评估，另外一种则将其作为整体工作的一部分进行整体性评估。

对创造力自身进行评估

来巴里技术中心（VT）的一位教师对我的一条博文进行了回复，我的博文提出的问题是：创造力的评估是否可能？他写道：

作为数字媒体的任课老师，我一直在尽力帮助学生培养他们的创造力（或用创造性的方法来解决问题的能力），因此我确实需要给他们做出反馈，例如评估结果等。

这是我在学生评估中使用的评价量规之一，它汇集了创造力/创造性方法的大量特质研究的结果并形成了一个对话评估的框架。

在创造力的衡量方面，下面提供的评估工具是我个人见过设计得最周到细致的一个（而且我认为这个工具也同样可以用来评估批判性思维）。按照这位教师的建议，在使用的过程中，能够形成一个强大的“对话框架”，而对话，正如我们在本书第3章中所陈述的那样，是形成性评估的一个有效方法。

巴克教育研究所（BIE）的网站上提供了一系列旨在评估创造力的评价量规，巴克教育研究所（BIE）的评价量规包含两个部分：一部分帮助评估流程，另一部分帮助评估最终的成果。同时这些评价量规也提供了标题为“超出标准以上”的“空白的”第四栏，因为作者意识到，在成果已经超出预期的情况下，很难描述创造力到底是什么。我们发现自己试图用“令人惊叹的元素”和“超乎想象”或“令人印象深刻”等词汇来描述创造力，但这些表述实际上十分模糊和主观。我们将创造力认定为“看到的时候就会知道”的事物，所以如果教师或学生们想要对自己观察到的超出预期的创造性工作撰写描述，那么请放手去做。

创造性的问题解决证据评价表

项目：

学生：

所属范围	证据指标
产生想法	◎ 流畅性：产生很多想法 ◎ 灵活性：通过不同的方式和角度来看待问题 ◎ 原创性：所产生的想法与已经存在的不同 ◎ 阐述性：添加细微的差异使思想的表达更丰富 ◎ 象征性思维：建立联系，进行比较和类比
深入挖掘思路	◎ 分析：思考如何能够让这个（些）想法生效 ◎ 协调：将一个或多个思想融合到一起 ◎ 重组/重新定义：优化原始的想法 ◎ 厘清歧义：澄清、凝练、细化思路 ◎ 处理复杂性问题：建立关系、划分层级
探索思路的勇气和开放心态	◎ 问题敏锐度：将解决方案与最初的问题进行匹配 ◎ 好奇心和承担风险的能力：打破常规的思维 ◎ 幽默感、顽童心态、幻想能力、感情：内心情感内容 ◎ 整合对立的观点：容纳对立的概念 ◎ 发展：努力开展个人从未接触过的思路/地点等工作

（续表）

所属范围	证据指标
倾听他人内心的声音	◎ 明确的目标：做出选择的原因 ◎ 毅力/实干品质：持之以恒直到实现目标 ◎ 拒绝墨守成规：超越陈规的概念

学生：________________（日期）

同行：________________（日期）

指导老师：____________（日期）

评估结果：　优秀　　良好　　一般　　较差

来源：R. Nudell，2014.

在艺术或设计、创意写作，或企业创业等课程上，鉴于课程的既定目标之一就是实现某种形式的创新思维，课堂可能需要类似上文提供的工具作为形成性评估的一种形式。

将创造力评估作为整体评估的一部分

我们真正想要做的，到底是创造力自身及其价值，还是希望评估创造力可能对某个产品、某种解决方式，或是如威金斯在前文中所提到的某项任务的有效性所产生的影响？

让我们一起来研究一个评估工具，它没有前述表格那么复杂，但是同样有效，这个简短的核查清单主要用于科学、数学和信息技术等跨学科项目的素养评估。小学生们被要求选择一个自己“最喜欢的城市”，然后在为期三周的课程中，运用自己所掌握的图形绘制技能来表示该城市每天的最高气温。

所选城市的气温图：	
我的网上信息来源：	
____是____否____?	1. 我的气温图有一个标题。
____是____否____?	2. 我的网格设置是正确的。
____是____否____?	3. 所显示的数字清晰易读并且间距均匀。
____是____否____?	4. 所有数据点在网格上得到正确的绘制。
____是____否____?	5. 气温的输入都是正确的。
____是____否____?	6. 所有的线条都是笔直的，并且连接起每个绘制点。
____是____否____?	7. 我已经将三周的所有温度都绘制完毕。
____是____否____?	8. 我还通过自己的艺术作品来说明生活在这个城市的人，可能会根据温度的不同而从事的一些事情。

只要单纯地在每个量规上添加“创造力”一栏，你就可以假装自己实现了21世纪的创意课堂。如果你已经阅读了本书前面章节的所有内容，那么你可能已经不再愿意假装是一名有进取心和爱心的教育工作者了。

教师们可能在真实的评估工具中添加创造力一栏的原因至少

有好几个，如果在一项总结性评估中，创造力的出现仅增加了最后的总分，那么我们可能早已一夜之间就实现了内在驱动向外在驱动模式的转变。假设我们在评估创造力方面所做的大部分努力，在本质上都是为了实现形成性评估而非总结性评估，那么你就可以毫无愧疚感地，在自己评估工具中添上创造力这个项目。

教育家肖恩·麦卡斯克曾警告说："将一系列的'必尽事宜'置于一张评估量规的最重要位置，无异于在滑动的地基上修建一堵墙。因为它彻底摧毁了教学的过程，并颠覆了创作过程的快乐，这就是一个关闭创造力的按钮。"他的建议是，删除所有的"范例"定义项目，避免在量规中指定过多的规则或设置过多的限制，并且尽可能使用鼓励承担风险的语言或表述——例如"勇于"和"独特的"等词汇。

主观性的悖论

随着学生年龄的增长，我们对他们的期望值也相应增加，我们或许需要对不同程度的创造力进行区分，一个简单的"是或否"的衡量方法，似乎已经不再适用。

评估大师苏珊·布鲁克哈特写道，量规可以帮助厘清成功的标准并展示"连续性的表现，从低到高，由模仿到极具创意的过程到底是什么样的"。她提供了一个创造力的量规，从"极富创意：代表了一系列源自不同背景或学科的重要改变的想法"，到"普通/日常创意：代表了来自相同或相似背景或学科的重要概念的想法”，并加入了一个最终的层级——“模仿”，这个量规可对一项作品所呈现的一系列不同的想法和背景进行评估。

很多量规的致命缺陷是表述语言的模糊性，注意这些词汇：惊人的、重要的，以及相同的。在量规中包含的其他指标包括：多种、原创的和令人惊讶的、有趣的以及有用的等词汇。那么，如何区分优秀和良好？所有这些用于评估学生作品的限定条件都十分主观。对于一年级学生来说特别有原创性或令人惊叹的东西，对于他们的老师而言可能司空见惯——反之亦然。

在评估学生作品或创意的有效性或原创性程度方面，解决评估过程不可避免的主观性质，一个方法就是同时使用多个评估工具。在前文中，我们已经探讨了在项目或任务发布的初期就给学生提供评分细则以及核查清单的必要性，我们还没有探讨哪些学生真正地完成了任务以及完成的时间。

我的建议是，在周期较长的项目中，要定期使用评估工具，进行阶段性评估，我们可以选择在每周的分任务完成之后进行，或在每个版本的草案完成之后进行。学生们可以通过评估，掌握哪些事宜已经完成，哪些仍在进行中，以及哪些需要添加进来。只有这样，所有这些评估工具才能随着时间的推移成为真正可以提高学生能力的工具。

在第5章里我曾建议，对于可以产出成果的创造性项目，可以与关注并可对项目做出回应的人员分享成果。请注意，我们在上文中提供的评分准则中，也为学生自己、同班学生以及指导老师留出了空白，让他们来分别对项目的等级做出评定。如果任务以团队为基础，那么团队中的每个成员将参与每个元素的评估。通过对多个评估结果的对比和讨论，有可能减少固有的主观性评价的不准确性和不公平性。奥运会的花样滑冰项目及其他表演性的比赛项目同时采用多个评委的制度，原因也在于此。

家长和监护人也可以成为潜在的评估者，尽管没有任何人希望学生家长代替自己的孩子完成作业，但是我们也可以为家长们找到一个参与角色的定位。我那个对上学没什么兴趣的儿子上完科学课回到家后，我发现他拿着一个捕鼠器，学校的任务是要求用捕鼠器来给一辆自己制作的汽车提供电源。回到家之后，他径直去了地下室鼓捣，没过多久，我就听到地下室传来了熟悉的电子游戏背景音乐。当我要求他向我展示自己的作品时，他那6英寸高的、胡乱用胶布粘起来的塑料积木作品，在地板上立了没几秒钟就轰然坍塌。我给他提出的建议是，学校的任务是组装一个可以在地面上水平移动的车辆，而不是一架直升飞机，在确保他的成品至少可以在地板上前行5英尺后，我会允许他回头继续玩自己的电子游戏。“质量管控”正是家长应该扮演的角色，尤其是在家长也同样被分派了任务和工具并且他们的产品也同样将被评价的前提下，家长们的协助作用可能尤为突出，所有的教师都应该在班级网站上创建与课堂任务和评估相关的链接，以便家长们参与评估过程。

高年级的学生、地方专家、公共博客评论以及来自其他学校的学生，都可以为给定的评估任务贡献力量，你只需要大胆发挥想象力。

最后再啰唆几句，在我们这种标准答案是唯一的，以考试为导向的教育环境中，我们莫名其妙地失去了对主观性评价的信心。没错，我们作为成年人必须完成的很多项目，确实具备某种形式的指标。例如，项目是否按时按预算完成了？项目是否实现了其预期的效果？我们是否因为项目的完成而销售出了更多的小玩意儿？通过评判这些指标的完成状态，我们就可以客观地呈现成功的或失败的结果。但真正成功的项目，同样有可能不具备很多可衡量的成果。例如，共同完成该项目的团队协作的效果是否很好？该项目是否存在一些未曾意料到的结果？该公司的声誉和公共形象是否因为该项目的完成而得到了改善？在各种组织的运作中，主观性的评估仍可占据一席之地——尤其是在学校这样的机构中，而教师与计算机评估程序的最大差别就在于，教师有一颗可以主观感知的心灵。

爱因斯坦还有句名言：“不是所有有价值的都能被计算，而且不是所有能计算的都有价值。”

自我评估

因为知道真正有创意和自我激励的人会不断地评估自己的工作质量，所以我总是要求研究生班级的学生不仅仅要完成项目，还需要以评分表或核查清单的形式提交详细的自我评估。很多学生发现，创建学校的图书馆平面图，或制定政策手册，并不是特别困难的任务，但创建一个可以有效地评估自己最终成果的工具，却极具挑战性。事实上，他们经常抱怨说，自己花费在设计核查清单上的时间要远远超过实际完成项目所需的时间。

当然，这种做法的方式本身就十分疯狂，一个合格的评估应当要求学生正式审议，是否该任务所有要求的元素都已经完成。学生应当回答他们为什么认为自己的方法是最佳的，而且，评估可以也应该要求学生回答，在项目中投入的创意是否出自他们自己——而不只是对他人想法的重复。

鉴于我们的社会中雇员所占的比例较小，更多的人是为自己工作，这种自我评估的能力就变得至关重要。工程师、水管工、营业员以及科技企业家等工作人员，并没有老板站在他们的身后对他们的任务完成情况进行评估。那些将自己看成敢于冒险的企业家的人群，更需要良好的指标，来证明他们的创新努力实现了预期的效果。

是否枉费心机

我们对评估创造力的努力是不是枉费心机？真正具备创造力的教学是否要求我们在评估学生的学习效果时采用第二阶层而非第

一阶层的变革？因为传统的评估方法可能无法有效地对创造力进行评估。

教育工作者们评判学生作业的标准或许不应该是正确或错误，而应该是有效或无效。或许学生依然必须表现出对学科知识和技巧的掌握，但掌握独创性也将成为一个重要的衡量标准，所以，下列这些问题也会随之出现：

◎ 你在这个数学问题上所采用的新方法能否得出一个正确的答案？

◎ 你的原创诗歌是否激起了你所预期的情绪反应？

◎ 你实验性质的塑料车轮是否能够确保你的车辆可以行驶更多的里程？

◎ 你的实验性质的自由罚球风格是否提高了命中率？

◎ 你的“疯狂”宣传活动是否减少了学校走廊里的垃圾？

或许，结果才是创造力和创新能力最真实的衡量标准，你的新方法奏效了吗？为什么可以生效？为什么没有效果？

极富创意的苹果手机不仅仅是一台外观更加吸引人的设备，真正的创新之处在于，该设备成了一个小巧的人类外脑，让人类可以变得更加高效。

阅后思考和讨论

1. 在评估学生的过程中，主观性是否发挥了作用？当我们忽略了教育工作者做出那些无法量化的判断的能力时，我们是否贬低了教育工作者的能力？

2. 是将创造力作为独立的对象进行评估好，还是将其作为一个整体的评估工具的构成部分进行评估更好？是否存在某种类型的评估可能会比另外一种类型更有效的情况？哪一种评估方式更有可能鼓励更大的原创性？

3. 是否所有的评估都应该解决所呈现的创新程度这一问题？

4. 一个人具备评估自己工作质量的能力有多重要？我们如何才能帮助学生养成这一习惯？

5. 当你在看到时，你是否能够第一时间辨识学生作品中蕴涵的“令人惊叹”的元素？是什么因素让其变得“令人惊叹”？

9

我从网上找了个点子

如何让课堂教学有更多创意

当人们能够从事自己所热爱的工作并且能够深入地研究——而且这个工作本身具备价值且受到尊重，那么创造力将蓬勃发展，哪怕身处艰难时期。

——特蕾莎·阿马比尔

作为一名教师，得到过的最令我印象深刻的一个建议是：身为教师，言传不一定有用，但身教一定有效。仅仅强调我们作为教育工作者的价值远远不够，我们还需要成为学生们的模范和榜样。同样的道理，在创造力的培养方面适用吗？如果我们希望自己的学生能够富有创意，我们是不是必须首先证明自己也具备创造力？

为了回答这个问题，我们首先需要解决一些其他问题：教师展示出创造力是否只是空有表面好处？作为教育工作者的我们，在采用创新教学方法的时候，其存在的潜在伤害的可能性是否会不亚于我们可能为学生提供的帮助？我们是否真的应该区别对待在孩子智力健康上的实践和我们在孩子的肢体健康上的实践？

当学术研究人员希望在他们的研究中使用人类受试者时，需要进行大量的文书工作，以求获得各个部门的批准。当实验的程序或过程的风险系数达到一定值，我们会首先在实验室动物身上做实验，甚至这样的举动也会牵动许多人群的关注。

然而我要鼓励作为教师的你：在小孩子们身上做实验，而且是每一天都要实验！

教师们应该在教学的过程中尝试新的方法，直到每一个孩子都可以充分运用自己的能力和技能。对那些学习参与度不高的孩子，那些在我们所使用的标准的做法和材料看来不成功的孩子，或那些影响了自己以及班上的同学学习的孩子，我们在道德层面，承担着必须采用不同的方法来对待他们的义务。

如果教师们期待学生们具备创意，他们自己首先应该在教学中以身作则，示范创新的教学方法，只有那些自身具备创意的人，才有可能理解那些具备原创思维能力的人群。

如果教师并不满足于那些基于研究的最佳实践、已经设立的课程大纲和已经被采用的资源（并志在利用任何技术或他人的创意），在采取行动之前，应确保下列要求到位：

◎ 改革的教学实践的目标，应该明确说明学生的预期成效。

◎ 必须具备可量化的衡量手段，以确保新实践的有效性。

◎ 必须与其他的同行教师分享新的教学方法实践，并且确保所获得的成功的经验可以复制。

◎ 上述要求应该设置较高的严格性，且如有可能，对所有的实验都应当进行外部监督，并且所有的数据应可以通过统计学验证。

我们对于那些负责学生身体健康的教师，会提出比这个更低的要求吗？还记得我们在第2章中所给出的创造力的定义吗？“可展示原创性、有效性和技巧性”。在这种情况下，最好的教学实践就是那些可以培养技巧元素的实践（详见图9.1）。

图9.1

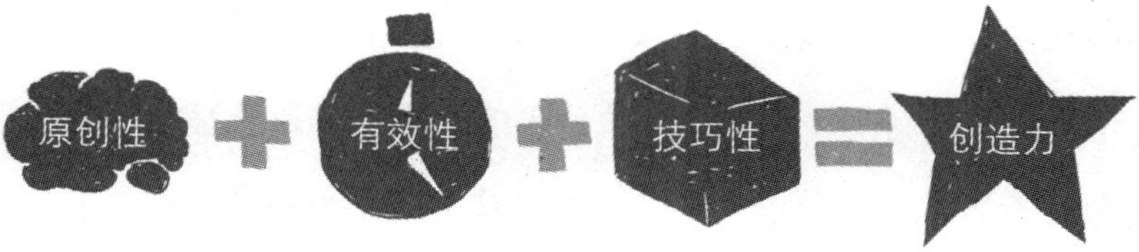

我们对以规范为基础的高风险的测试体系极度依赖，原因之一就是，教育机构自身从来没有解决自己能否具备让公众满意的能力这一问题，而现在，我们正经受着行外人强加于我们身上的目光短浅（但可衡量）的指标的折磨。如果我们试图在方法论上实现创新，尝试使用新的技术工具，或强调全新的技能而非基本技能的教学，我们就必须对自己的尝试负责，并尊重提出需求的学生家长、用人单位和公众等，我们真的希望继续被人们视为善良但智商不足的表演艺人吗？

教师如何勇于开展教学方面的创新

因此作为教育工作者，尤其是任课教师，在大多数人，尤其是我们自己的领导，仍在本质上倾向于安全待在传统教学的舒适区里时，如何让自己的创意得到认同和接受？关于这一话题，我们将在下一章的内容中详述，下面先简单就这一问题给出一些建议：

1. 将其称为创新而非创造。尽管大多数时候，这两个词可以互换使用，但二者的定义上仍存在细微的差别。所谓的创新，意指在某些已经存在的事物中进行改变，而创造则蕴涵更为极端的意义，即带来一些全新的（也许是可怕的）的事物。维果茨基的近端理论认为，要学习新的东西，我们必须将其与已知的信息连接起来。你的创意想法是否具备循序渐进施行的可能性，即是否以延伸一个已存在的实践方式呈现，而非创造一套全新的做法？

2. 让你抗拒改变的上级认为，创新是他的主意。尝试以下面的开场白开启一段关于创新建议的对话："前几天您好像提到过在打算我们正在__________方面的流程施行一点变革。不知道您后来有没有细化这个想法？我个人觉得这是个特别好的想法，然后我觉得我们可以把改革的做法调整成这样……"当然，如果你的主管本身就是一个十分鼓励在解决老问题上采取新做法的人，那么这些谈话策略就完全没必要。

3. 强调创意的功能性而非其新奇性。我们往往会忽略了让工作变得具备创造性的主要因素——有效性。当我们在推动一个创新的解决方案时，应当强调该方案的有效性，而非其理念的独创性，因为这往往能够让你事半功倍。

4. 建议先开展试运行和评估。对新的教学方法实行实验测试。

招募志愿者，设计一个时间框架，描述该教学方法的评估方式。

5. 建立信任的关系并进行跟踪记录。“对未来业绩的最好预测就是过去的表现。”对于利用先进的创新和创造性的方法来解决问题，这一古老的格言同样适用。在提出新创意的同时，强调一下自己利用类似的方法曾成功地解决过的问题，只有好处没有坏处。如果没有任何成功的案例要怎么办，其他人就可以理直气壮地质疑你的创意会失败，或将你的创意交给他人来执行。

6. 寻求认可。很多领导人希望自己的项目在学校或教育区可以得到认可，如果一个创新的项目有可能拿到州级或国家级的奖项，一定要利用这一点来推行自己的创意。尽管这实际上是最不应该成为创新理由的一个原因，我依然希望大多数的教育行业从业人员尝试新方法的目的是改善孩子们的教育体验，而不是个人的荣耀。

7. 勇于颠覆。颠覆之后，如果有必要，再去致歉。有时，要推行一个原创性的想法并非易事，因为这往往意味着要打乱别人既定的安排。但是如果有得当的策略，再加上创新的思维，目标仍有望实现。

通过个人学习网络（PLN）开展学习

如前所述，创意往往喜欢扎堆出现。当我们身边的人全部都是喜欢尝试新鲜事物的人，那么我们也倾向变得更有创意。令人高兴的是，即使是那些在学校工作，并且感到自己是所有员工中唯一具备创新意识的员工的教师们，他们也可以找到志同道合之人，不过他们需要做的是，在网上寻找远程伙伴。

个人学习网络（PLN）这个术语多年以来一直是技术爱好者的专属词汇，而利用基于网络的学习所需的工具和技能也一直在持续发展。我个人将个人学习网络（PLN）定义为自主创建的专家团、同人组和资源库，教师们可以通过它获得可以满足日常学习需要的资源，而且这通常依赖于网络技术的实现。我在20世纪90年代就首度尝试了个人学习网络（PLN）的服务，因为当时全国各个学校的图书管理员邮件列表汇集项目启动了——后来范围扩展到全球各个学校。作为学校唯一的图书管理员，我有幸被纳入列表名单，这对于我来说，是一个简单又便捷的机会，可以通过在线工具与他人分享资源、向他人提问、互通有无，以及夸耀成功。

在互联网出现之前，为教师和高校管理人员提供的继续教育，包括阅读专业期刊、参加会议以及参加大专培训班等，都在某种程度上承担了地方交流服务的职责，所有这些资源至今仍在提供并且仍具备重要性。不过，考虑到学校变革的程度和速度，仅依靠传统的教育方法，已经不足以确保大多数思维灵活的教育者保持前沿性了。

然而，许多教育工作者已经利用网络技术建立了个人学习网络（PLN），并且已经习惯了开展日常的学习——这有时对他们来说是最便捷的方式。他们经常性阅读、倾听、回应其他同好的观点和智慧，并与之进行讨论，从世界一流大学引以为豪的学者，到同一条走廊里上课的同事，从国际的未来学家和梦想家，到那些来自其他教育区的同行，这些建立起联系的教育工作者，成了一个特定群体的一部分，对于那些有意愿承担必要的风险以不同的方式行事的其他成员，他们会鼓励、同情并给予支持。

教育工作者们应该早已超越了使用个人学习网络（PLN）的实验和尝试阶段，并可以适应更成熟和更周全的时间安排方式，以具备更多的时间，从事每天的日常学习。个体对个人学习网络（PLN）的使用方式必须不断向前发展，因为数字通信的信噪比率居高不下，而教师与工作相关的时间持续增长，所以，能够正确地区分信息和意见资源变成了一项越来越重要的专业技能。令人高兴的是，用于创建个人学习网络（PLN）的技术工具也在不断地发展，从而帮助个性化成为个人学习网络中最为关键的特色。

尽管邮件列表和电子通讯仍是教育工作者紧跟当前教育问题以及形成实践社区的效方法，很多已经建立连接的教师们也发现了下列工具的实用价值：

1. 社交网络 我们大多数人对Facebook、Google+和领英（LinkedIn）等网络2.0的社交巨头并不陌生，如果这些网络对你而言太难以掌握，那么可以尝试特定职业的网络或地方性网络。大型的社交网站往往会为其成员提供个人主页，并且允许在整体的网络框架内成立更小型的特殊兴趣小组（例如Think SIGs——这是ISTE网络下属的一个特殊兴趣小组，主要为图书管理员、教师教育者、管理人员和计算机教师等人员提供）。他们的目标是，在具备类似兴趣和面临类似挑战的专业人士之间，创建真实的人际联系。

2. 内容集成商 博客和播客让教育工作者可以倾听、反应并就教育专家的最近想法进行交谈，而在博客上发布的信息往往是及时的、简短的，但带有明确的个人观点。如果你有最喜欢的博客，那么检索她的关联博客，你就可以找到其他相关并值得阅读的博客。管理自己博客阅读的最便捷方法，就是订约这些博文的网站聚合内容摘要（RSS），并将通过Feedly或Netvibes等聚合器或阅读器，将所有的推送都汇聚到一个页面上。

3. 虚拟会议和演示 网络广播、演示文稿，以及通过GoToMeeting或Elluminate等互联网工具而完成的工作坊，彻底打消了时间和成本的掣肘。在我们的办公桌上就可以开展的网络研讨会，让我们无须支付往返机票或会议费，就可以从主题演讲中获得灵感。查收自己的电子邮件里的“网络研讨会”，然后检索会议官网，确定可以找到哪些会议正在直播或已经收录的会议资料。使用Google+视频群聊或Skype实现的非正式会议，已经成为学校之间越来越普遍的做法。

4. 高质量的教育资源库 TED演讲和其他在线演示可以让你感到愉悦、获得信息并受到鼓舞，全球最优秀的一些人物通过免费的讲座分享了他们的想法，布朗大学以及麻省理工学院等大学已经把自己最优质的课程放到网上供观众免费观看。拓展自己的视野，并通过参加课程，例如考古学课程等，建立创造性的连接，或许这会让你更好地理解资历更深的同事们的感受。

5. 微博 可以关注其他专业人士的微博，在微博上实现成功的真正窍门是关注正确的人。你曾经拜读过其著作的专家、你曾经参加过其讲座的专家，还有那些曾经教授过你的专家，都是不错的关注对象。从关注这些人物开始，你会发现这些博主会分享自己优秀的文章、他们最喜欢的基于Web的工具以及他们觉得有价值的出版物。我敢保证，你每天至少能够发现一个伟大的创意。如果你对某个特定领域感兴趣，可以在热点话题中通过#创造力#等标签进行检索。

6. 慕课（MOOCs） 参与大规模开放在线课程，是一个免费而灵活地学习新课题的方法，尽管课程的核心内容可能由著名专家录制的讲座和高质量的阅读材料构成，但对于很多人来说，通过在线讨论与其他也参与课程的专业人员建立起联系，已被证明是最有价值的收获。

无须花费太长的时间或太多的精力，你就可以通过社交媒体在网上找到那些愿意支持你的创造性思维的其他人，当遭遇困难时，你会发现，自己所面临的也许也是其他人的困境。

倡导创意的网络社区和竞赛

要相信，你并不是孤军奋战。大部分人已经意识到传播创造力的重要性，因此很多人已经开始为其采取行动。下列这些组织的设立和它们的工作极大地降低了教师们在与学生一同开展创造性活动的过程中感受到的孤独感，这些组织机构是：

1. 创造性学习中心（www.creative learning.com）是一家具有强大的科研基地的咨询机构，在唐·崔芬格（Don Treffinger）博士的带领下，该中心主要提供有偿服务，但它会发布《当代创造性学习》这一资讯刊物和其他许多免费的资源。

2. 头脑创新思维（中国区组委会网址http://www.gete-di.com/）是一家有着悠久历史的非营利性组织，它专注于全球项目，其中最受欢迎的是“我们的挑战赛”。

3. 谷歌科学博览会（中文网址https://www.googlesciencefair.com/zh-CN/）是一年一度的在线竞赛，要求学生找出他们喜欢什么、他们擅长什么，以及他们想如何改变世界。

4. 星火！实验室发明挑战赛（challenges.epals.com），由史密森尼博物馆和ePals共同主办，旨在为现实世界的问题提供解决方案的四个年龄组的竞赛，同时允许个人和团体参加。

5. 头脑奥林匹克竞赛（中国官网http://www.omchina.org/），历史最悠久且规模最宏大的项目之一。在竞赛中，国际团队要解决众多领域和类别的不同问题，参赛学生来自从幼儿园到大学等各个阶段的教育层次。

6. 大脑竞技（www.tom.edu.au）是由来自澳大利亚、新西兰以及东南亚地区的学生参加的解决问题的竞赛。

7. 创客空间（makerspace.com）为社区的创客空间提供指导，并通过博客提供处理创建和使用这些资源的建议。

8. 创先乐高联盟队（www.firstlegoleague.org）在70多个国家拥有超过20000支队伍，要求学生为机器人编程，开发高效的团队，开发创新解决方案，以解决全球性问题，并以创造性的方式展示他们的解决方案。

斯坦福大学教授大卫·凯利表明，一个教育工作者的工作并不是教授创造力，而是帮助学生“重新寻回自己的创造信心——产生新的想法的本能以及进行尝试的勇气和能力”。作为教育工作者，我们很多人也需要重新找回我们自己的创造信心，凭借协作、反复实践以及勇气，我们同样也可以做到。

阅后思考和讨论

1. 在什么情况下，教师有责任和义务去创新？作为一名创造性的从业者可能会不恰当或有害的情况是否有可能存在？

2. 教学的去专业化是很多教育工作者关注的重大问题，是什么原因导致了这个问题？在扭转这一趋势的过程中，创造力可能发挥什么样的作用？

3. 全校范围内对促进所有学生的创造力的广泛尝试有可能是什么样子的？

4. 什么因素使你的专业学习网络产生作用？

Teaching

Outside

the Lines

10

我不明白为何人们会对新思路感到惊恐，对我来说，一成不变的老思维才是最可怕的。

——约翰·凯奇

（美国先锋派古典音乐作曲家）

在课堂、学校或教育区中培养创造力并非难事，正如我们在前面章节所讨论的那样，简单的教学方法也可以激励发散性思维，创新可以是所有内容领域和学科的组成部分。任何项目都可以在其评估中实现对原创性的认可，但是创造力往往遭到教师和学校管理人员的强力压制，究其原因，有如下几方面。

创造力意味着做一些与众不同之事，以全新的方式来看待这个世界，并有可能会改变现有的权力结构，难怪人在本性上会对“创意型人才”持有怀疑态度。我们的某个尼安德特人的祖先可能很会推理，“哎呀，我们使用捕猎夹子杀死猛犸象竟然只有17.5%的成功率，而这种新奇的弓和箭的成功率可能会更低，那么我们要拿村长先生怎么办呢？他毕竟是因为制作和利用捕猎夹子的实力才成为村长的。”（详见图10.1）

图 10.1

变革和风险

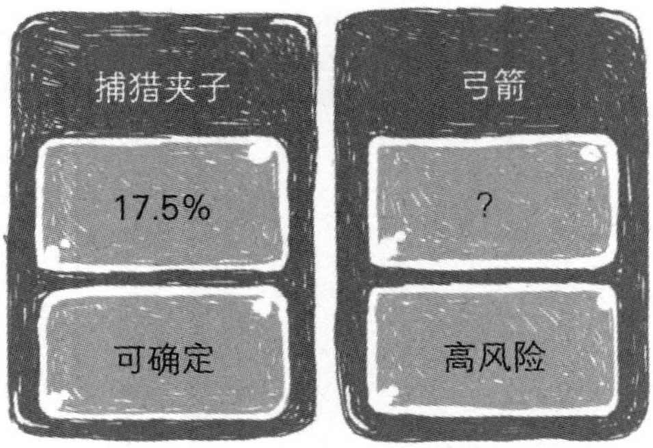

大多数的教育行业从业人员实际上对创造力心怀恐惧——无论我们是否愿意承认，无论我们是否已经意识到这一点，事实就是如此。

教育者恐惧创新的原因

我们在学校里反对创意的原因有许多，我们首先要认识到这些原因，才能够克服这些困难。

1. 创意会扰乱现存的组织现状。在教育上采用创新的方法意味着变革，而变革总是意味着有赢家和输家——在权力、预算和舒适度等层面，即便一个人只是在学校中的作用方面获得微小的成功，如果加上变革，就可能会导致颠覆性的变化。任何真正有可能解决问题的创造性方法，都蕴涵导致损害而非实现改善的实际风险。教育工作者不喜欢风险——这并不是因为我们懦弱，而是因为我们帮助孩子获得成功这一任务实在太过重要，容不得一点风险和闪失。从道义上讲，我们很多人觉得创新应该是我们保命的最后一击，而不是首先应该采用的方法。

2. 创意与社会赋予学校培养遵从者的传统使命背道而驰。语言学家诺姆·乔姆斯基（Noam Chomsky）认为，19世纪末期的大规模公众教育的目标就是，把“不乏非常激进分子的自主农民”变成工厂里作为“他人工具”的工人。在这一点上，乔姆斯基和爱默生的观点一致，他们都认为，大规模的公众教育通过将公民培训成顺从和奴性的群体以确保他们按照指令行事，“这样他们就不会去思考这个世界运作的方式，从而扼住政治领袖的喉咙”。在教育方面，我们依然可以轻易地得出类似的结论，教育的责任是维护社会的既定秩序，而绝不是煽动变革。

3. 创新会改变人际关系。休·麦克劳德一针见血地指出：“一个伟大的想法首先会改变你。”我们可能特别喜欢或特别不喜欢某个学生，但至少我们认识他们，也知道如何与他们打交道。而富于创造力的学生往往以不可预知的方式成长，同时我们往往又很难与极富创意的人保持简单舒适的往来，因而，作为教育工作者的我们，也无比热爱既定的“规范”。

有研究表明，当教师们被要求基于各种人格评价措施对学生予以评定时，如果评估的列表包含了从“个人主义”到“承担风险的意愿”到“对权威的接受度”，等等，结果显示，那些呈现出与创造性思维最紧密联系的学生往往也被列为教师们“最不喜欢”的学生。另有研究则表明，极具创意的学生如果认为某项任务与个人的切身利益无关，会回避甚至颠覆传统的教育任务。

4. 创意会冒犯敏感的神经。艺术家（视觉和音乐等）往往都具备给大众带来冲击力的能力，我敢打赌，用两节棍子而不是一根棍子敲打空心木头的克鲁马努人（很有可能是青少年），一定会从洞穴里被驱逐出去。我的父亲无法忍受摇滚乐和喇叭牛仔裤，而我觉得现代的说唱音乐和松松垮垮的时尚装束令人难以接受。那些对这一代人来说不堪或令人反感的语言或视觉效果，反而可能会被我们的孩子这一代所接受——无论我们是否可以接受这个事实。

5. 创意会让专家们感到沮丧。一个人在某个领域专业的程度越高，他的思维模式就越趋于固定。不要指望那些因为创新而遭受身份、专业知识和生计挑战的专家们会对创新持续充满热情，这样的案例在科技领域十分常见——当公司决定将存储和应用服务转移到互联网的云技术时，维护本地服务器的技术人员会强烈反对；专业的摄影师宁可固守胶片相机和化学冲洗，也不愿意拥抱数码相机和后期制作；更熟悉的例子是，当平板电脑可以让我们访问到更多、更新、更具相关性也更容易帮助实现个性化学习的资源时，教师们仍然十分固执地抱住教科书不撒手。

6. 创意往往会让我们感到自卑，并导致我们陷入学习曲线的糟糕境地。当技术部门要求我们对工具的使用进行创造性应用时，我们可能会感到力不从心，因为我们可能尚未掌握使用这个工具本身所必需的技能，而教师们可能会被掌握更强技术能力且更熟悉技术运用的学生吓倒（对此唯一的解决方案就是，教师将自己视为学生的共同学习者，而不是老师）。当学生家长被要求通过社交媒体进行联络时，学习曲线的严重程度再度加深。要求一个人尝试新事物往往意味着需要花费时间来学习和练习新的技能——而且有时还不一定能够成功，于是问题就出现了：为什么你的创意总是要求我付出更多的努力？

7. 创意并不总是有趣的。几乎所有的创造性行为都会包含乏味、沮丧和焦虑的因素，然后我们会开始疑惑：当事情变得艰难、无聊或令人迷惑时，我们如何才能够创造出一些结构和政策，有效地鼓励学生开展创造性的工作？在为学生提供机会来锻炼那些可能会促进创意思维发展的必备技能时——正如我们在本书第2章中所探索的那样，可能包括毅力和承担风险的能力等，我们作为教育工作者是否准备好应对那些对学习不感兴趣且急功近利的学生？

8. 创意破坏了我们培养优秀的应试学生的努力。与创意相反的是要求提供“唯一的正确答案”，这正是教师要求学生在标准化考试中死记硬背的目标（你有没有想过，为什么这些考试被称为“标准化”考试）。所有的测试都是限时的，而创造则需要耗费更多的时间。测试理论上是客观的评估，而创意的评估则往往十分主观。测试要求考生尊重考试标准答案的权威性，而创意则往往质疑，甚至自己定义权威的标准。而当一个人的职业评价，甚至赖以生存的薪水，完全取决于其学生是否在标准化的考试中能够填写“正确的”答案时，创意就成了他们的天敌。

9. 创意难以衡量或分类。对经典歌曲的全新人声演绎和能够帮助糖尿病患者监测自己血糖的计算机程序，哪一个更有创意？重新演绎的歌曲将由乐评人进行评估——以及作为音乐消费者的普罗大众进行评估，而软件的评价条件只有一个——这个软件是否可靠。你不能将学生或他们的想法付诸于钟形的创意曲线上，因为根本不存在创意的蓝思分级。这已经导致了教师们开始怀疑，自己对学生的主观判断的价值在哪里。

10. 创意可能意味着我们作为成年人也需要展示创造力。重视创意的校园文化不仅仅要求学生具备创意，教职员工也不能例外，但是你可能觉得，我现在一切都做得很好，为什么还要变革呢？

将创意带回课堂的第一步，很可能就是我们自己要勇于承认：我们自己确实对创意心怀畏惧。或许并不存在什么12步的实用操作方法，让我们可以在完成之后摇身一变成为无须逃避的教育工作者，但是认可创意本身可能令人畏惧，确实可以作为一个良好的开端。

接受真正的挑战，创新人才和同龄人

那么，有没有什么办法来解决对创造性的反感情绪？下面是一些对我个人有效的办法——虽然也不是每次都管用。

我要求自己时刻牢记，学生们需要通过采取创新的方法来解决问题，才能实现发展和提高，而且他们正在锻炼适用于现实世界的技能。即便是对于成年人而言，成长中的特定阶段也可能会让我们感到不舒服，然而成长是一个持续的过程，没有人能够确保自己可以一成不变。如果我们真正尊重自己的创造力，就必须意识到，我们自己也有可能会让其他人感到不舒服——也许是我们的同行、我们的上司甚至是我们自己的学生。但是，我们对创造力的尊重也意味着，我们明白创新行为的最终成果一定是比现在更好的一种状态，路途或许颠簸，但终点一定是美好的。

作为专业教师，与其抗拒或无视学生的创造力，我们要做的是充分利用这些能力。那些总是挑战整个体系的学生们，一旦被赋予任务或要求去解决问题，就可以充分利用自己的创造能量，并取得积极的成果，你是否尝试过要求那个总是分心的孩子找到让全班都保持统一学习专注度的方法呢？

我曾设想过，当我说出“真不敢相信现在的孩子们在______上的品位”这种话时，我自己听起来有多像一个脾气古怪的倔老头。每当我想这么说时，都会试图回忆起我的父母当年对我的着装、音乐品位以及发型的批判（但我也许确实不应该去文身）。

每个人都需要记住，创意要求具备相关的技能。内容知识、优秀的技能，以及其他可被衡量的各种能力与创造力并不冲突——而且它们还至关重要。想想大部分的评估是什么样的——尽管我知道当局者让它变得很难，但创造力确实将技能的掌握拔高到了更高层次的水平，而不是取而代之。

我们需要重新审视主观性的价值，尤其是在处理孩子和他们的成就方面。我们正在强迫太多的孩子削足适履，磨平自己的棱角和特色以符合规范化的教育需求。想想教育的个性化，即能够对每个人的成就进行个人化的评估，并允许他们将自己的兴趣作为教育和学习的导向。我们还需要记住，作为教育者，我们不要去问孩子是否具备创造的能力，而应该问自己：如何做才能够鼓励孩子们创新。

最后，如果你不愿意时不时地尝试新事物，承担一定的风险，成为具备冒险精神的人或做一个具备发散性（甚至是颠覆性）思维的人，那么你可以考虑换一份职业了，因为你已经丧失了对教育的热情，而且已经成了一个浑浑噩噩度日的教育熟练工。

创客教育对学校文化的要求

商业界一直对如何让员工更有创意方面很感兴趣，来自哈佛商学院的特蕾莎·阿玛拜尔（Teresa Amabile）开展了一项研究，调查了来自7个公司创意项目的238位员工的12000多份日志。她的调查发现了一些很有趣的错误观念，如果公司想要强化员工的创造力，它们就需要首先破解这些错误的观念。

我个人觉得有趣的是，如果我们愿意稍微延伸一点自己的思维，企业经常遭遇的这些错误理念也与我们的教育有着直接的联系。

误区1：创造力来自创造型的员工。

事实上，任何智力正常且具备内在动机的人都可以展示创造力。学校层面的实践：我们需要意识到所有的学生，不仅仅是那些参与了天才或天赋项目、大学先修课程或已经在预科班的学生才具备创新的能力，尤其是在得到内在创新驱动的情况下。

误区2：金钱可以驱动创造力。

事实上，当人们认为自己的薪酬取决于绩效时，他们自然会规避风险——并且更不愿意施行创新。学校层面的实践：成绩、班级排名，甚至是赢得比赛，都不是可能让学生变得更富创意的关键因素，那些真正具备原创性思维的人进行创新是出于个人的需求和兴趣，并非为了获得更好的考试成绩。事实上，对成绩的担忧及其他外在激励因素的影响也会让学生讨厌风险，并不太可能抓住机会进行创新。

误区3：时间压力可以加速创新。

事实上，当人们在压力下工作时，他们的创造力会下降——并持续减少的状态，因为他们无法深入地专注于需要解决的问题。学校层面的实践：50分钟时长的课程，满满当当的课程表以及过多限时完成的课后作业都会扼杀孩子们的创造力，有多少孩子在学校（或生命中）能够有时间自我反思并大胆梦想——或甚至得到学校或家长的鼓励来大胆地做梦？

误区4：恐惧会迫使人突破。

如果人们前一天的心情不错，那么他们更有可能在第二天实现创新的突破，所以说，今天的快乐可以预测明日的创新。学校层面的实践：孩子们对学校的整体态度是帮助他们实践自己创造力的一个关键因素，不喜欢学校的孩子往往会感到孤独或抑郁，或总是处于压力很大的情况下，这样的孩子很难成为可以原创性解决问题的人。

误区5：竞争总是比合作更重要。

当人们停止分享创意，当团队因为不再具备信心来分享并就创意进行探讨从而由协作变成竞争状态时，他们的创造力也随之下降。学校层面的实践：创造的能力需要通过竞争以外的其他方式得到认可，排名和奖励可能会抑制创业精神。相较于表现的评估，成绩在鼓励孩子们的创造能量方面效果更差。

误区6：精简的机构就是一个创造性的机构。

当企业裁员时，员工的焦虑情绪会导致他们无法专注于自己的工作。学校层面的实践：超大的班级规模、教职员工的严重不足、摇摇欲坠的设施，以及不断消失的课外活动机会所造成的效果与企业裁员的做法无异，学校财政的削减往往也意味着创造性人才产出的削减。

商业和教育是两个截然不同的领域，但人性并不因所从事的工作或所处的领域而变化，因此无论是高级会计师或是三年级的学生，在天性上无本质不同。所以，当利益导向的商业专家们已经认识到可能会激励或抑制创造力的因素时，我们所有人都应该给予关注。

所以，你所处学校的文化是在抑制还是激励学生和教职员工的创造力？由于存在的历史往往长达几十年，因此，改变学校的价值观、习惯以及教学的氛围的难度可能超乎想象。无论在预算丰厚或紧缩的年份，还是在一系列种类繁多的新项目、理论和战略计划中，校园文化的存在和影响要远远超过教师和学校管理人员。

我应该永远都不会劝阻那些试图改变学校文化的人——尤其是那些对学生产生不良影响的文化，但是有理智的人也会在那些已经具备积极文化的地方就业或提供服务。如果我正在寻找一所作为自己工作场所或作为自己孩子受教育地点的学校，那么我会选择具备下列属性的学校：

1. 学校氛围。奇怪的是，一个人走进一所学校几分钟内，他/她就能感受到这个学校的安全感、友好度以及相互照顾关爱的程度，例如整洁度、教室敞开的门、笑声、相互尊重的对话、志愿者的身影，以及成年人和孩子们脸上发自内心的微笑等小细节都是反映学校氛围的晴雨表，在那些能够真正关心自己工作人员和学生的学校中，创造力才能蓬勃发展。

2. 学生的成果得到认可。教学楼的走廊、公告栏以及教师公告都应该被用于展示和认可目前就读于该校学生的作品和成就。当然，用一整面墙来展示知名校友或曾经获得的体育奖杯等也并非错事，但学校要确保目前就读的孩子们也能够有机会来公开地分享自己原创的作品以及创意，同样的道理也适用于学校网站上的数字展示长廊。

3. 公共竞赛和展览。科学博览会、历史日、数学竞赛、知识杯、演讲比赛、发明家比赛以及一系列其他的展示机会应该在所有年级阶段开展以丰富学生的教育经历。创造力和创新的公开展示使学生有机会展示其称为勇于变革的人物的勇气。

4. 在所有的小学提供艺术课程。当我们疯狂地推行应试教育思维以确保所有的学生都能够具备在标准答案只有一个的标准化考试中取得好成绩的能力时，小学阶段的教育也错误地削减了常规的艺术、音乐和体育教育的机会，以确保小学生们有更多的时间来直接阅读和开展数学的教学，那些依然为所有学生提供艺术类课程的学校事实上确保了所有学生都有展示创造力的机会。

5. 提供选修课和课外活动。课堂教学自然十分重要，但每周140个小时的课堂教学以外的时间里所开展的活动也同样重要。小学学校需要为学生们提供课后俱乐部和活动机会，以培养孩子们的社会技能和兴趣爱好。中学学校必须以艺术、体育、科技教育、音乐以及社区服务活动来丰富学生的课余时间，并发展个体的潜能、领导力、成就感以及务实创新地解决问题的能力。

6. 优质的图书馆。一个学校的图书馆是反映这个学校在阅读、独立思考的教育以及个性化教育和终身学习方面所花费的心思的最明显信号，一个训练有素的图书管理员和一个宜人的学习环境，配备常用且时新的纸质书和杂志——再加上电子资源和严格控制的网络资源，所有这些都会让学生家长认为该校的教职员工和校长更看重的并非对课本知识的死记硬背，而是认为思想和意见的多样性至关重要，并且阅读不仅仅是必要的，也是令人愉悦和至关重要的，创造力同时具备生产和鉴赏价值。

7. 开放式课堂。开放式课堂具备两个层面的含义。第一层含义指的是敞开的教室门、敞亮的窗口以及课堂内的访客——学生家长、志愿者和专家。开放式课堂的第二层含义涉及新思维和新表达方式的开放性——我们在本书第6章中已经探讨过的开放性类型，其标志为活跃的讨论和开放式的问题。

8. 基于项目的学习。通过项目和表现来展示能力是为学生可以用来锻炼创造力的三个要素的主要机遇，即原创性、有效性和技能性。当我们能够利用形成性评价策略评估学生的真实作品时，学生的创造力将得到发展。

9. 技术是用来创造的，而应仅作为消费品使用。与项目为基础的学习模式相结合的是技术在课堂的使用，学校提供的平板电脑仅用来作为电子阅读工具、视频监控和游戏控制台——还是被用来创造原创性的图形、播客、视频、文字和其他通信内容?

10. 致力于教师的专业发展。对教学实践和学校的激动人心的研究数量不胜枚举。基于大脑的研究、反思实践、学生作品的系统性评估、处理与课堂脱节的学生的策略，以及技术的有效应用等相关研究的积极成果可以对学生的教育产生积极的影响，并让我们更好地发掘他们的潜力。但研究如果只停留在大学或理论层面，它们也不可能产生任何益处。优秀的学校将优先为教师提供资金援助以帮助他们不断提高自己的教学实践水平，这些学校不仅仅会要求顾问来对教学进行指导，还能够尊重自己教职人员的知识和专业性，并致力于寻找各种途径为教师们提供在工作时间定期以专业学习社区的方式开展团体学习和讨论。

11. 教师的个人素养。以学校为单位的整体性评级的结果可能极具欺骗性，因为可能培养学生创造力的五星级教师也有可能在一星级的学校中找到；反过来，在五星级的学校中，也可能存在那些以应试为目标的一星级教师。家长们有可能遭遇前述任何一种情况，当我的孩子在选择学校时，我总是会听取其他家长的评价并选择那些获得较高评价的教师——这种选择可能会让好些校长们感到失望。如果我的孩子现在仍在上学，我会选择登录一个有趣的网站——Rate My Teacher（给我的老师评分）——这是Angie’s List（美国著名的美妆和消费品牌评级网站）的教育界版本。

12. 真正实现学生自我管理。有着积极校园文化的学校能够尊重自己的学生，而尊重学生的最佳体现莫过于让学生参与学校的管理。无论是以具备实权的学生会的形式，还是学生自主选举和管理的学校机构，或是学生参与管理委员会的建设，或是教师要求学生制定教学规范和规则等方式，学校中的成年人都通过给予学生现实世界的问题以及信任，让他们可以培养现实世界的问题解决能力。

13. 要意识到“玩儿”的重要性。研究表明，如果我们想要培养出具备创造力和创新能力的学生，就需要提供时间让他们玩耍，玩乐可以为孩子们提供了梦想、探索、即兴发挥和挑战常规的空间。在优秀的学校，你会发现教师们会想方设法地为学生提供课余的时间和空间来玩乐——而我敢打赌你会发现这些孩子们更快乐。

在第4章中，我们探讨了学生们可能展示创造力的诸多方式。一个具备激励创造力校园文化的学校，绝不是只有一个伟大的创新项目，而是会给予学生以不同的方式在不同的渠道大放异彩的空间——无论是艺术、运动、学术或是社会等层面。

无论我们是否喜欢，在许多国家里，基于非常有限的测试驱动的数据信息的学校报告卡和学生成绩单激化了学校之间的竞争，考试分数高的学校将其当成作为消费者的学生家长的一面旗帜。但是学校的自我评估（以及公共关系）方面的努力不应该仅仅局限于吹嘘考试成就，而应该包括其他的质量评估标准。学生家长们已经明白，创造力是一项关键的能力，其重要性或许已经超越了数学能力。

当我从报道中了解到那些在技术创新领域领先的教育区，例如加州洛杉矶的教育区花费了近3000万美元采购iPad以“支持通用核心课程的教育”，但却没有将这些设备用作创新的工具，我真的感到很悲哀。在很多领域中，技术看起来也不过是我们强化对学生的束缚的又一枚钉子，因为这更能让学生成长为符合我们规定要求的盲从者。

然而至少有一项研究让我们感到更开心和更乐观，这项研究发现，教育作为一个整体正在变得更富创新性。在2014年针对超过25个国家开展的一项调查中，经济合作与发展组织发现“在所有参与本次调查的国家中，在将教学与现实结合、更高阶段技能、数据和文本的解读以及教育的个性化等领域，均出现了创新性教学实践的大幅上升”。让我们满怀希望的期待，教育工作者这种利用全新的教育实践可以让全社会更加关注创造力培养的趋势得以继续发展。

传统的教育能否培养出能够在当今这个日益自动化和外包导向的经济中获得成功的，具备发散性思维、独立思考能力的各类思想者？重要学校的办学效益依然取决于标准答案只有一个的应试导向办学心态，那么学校在创造力培养方面的努力也不过是空头的承诺。但是，当教师个人以及学校都首先可以成为创新人员，所培养的学生具备创新思维的可能性和概率也将大大增加。

成为更具日常创造力的人

我将个人创新能力的探讨放到了全书的最后，是因为我同大多数其他人一样，不太确定自己是否具备创新的能力。我可能永远也写不出交响乐或小说，我的作品也不太可能会放到卢浮宫进行展示，在公布年度企业家奖项时，也不要期待听到我的名字。如果我真的具备任何创新的能力，它们也绝对只属于日常创新的范畴，即为日常遭遇的问题找到新的解决办法。

我个人感觉，这也不是什么坏事。

我不时也会产生一点灵感的火花，可以让我把自己的工作完成得更好一点，让我更好地了解自己所处的世界，或许，通过写作分享我的想法也可以帮助到其他人。

我会有意识地在日常生活中做几件事情，因为我觉得这有可能增加我获得新见解的概率。我每天午餐后都会散步，而且不会带着耳塞隔绝外界的声音。很显然，我不是唯一可以在散步时获得灵感和新思想的人。斯坦福大学进行的一项研究表明，一个人在散步时，创新的概率会提高60%——无论是室内步行还是室外散步。我一般在早晨进行创作，上午、下午或凌晨时刻——对创作而言，时间段并不重要，但是你需要知道自己思维最活跃的时间段，然后充分利用它。在一定程度上，你可以依据思维的活跃度来安排自己一天的行程，在思维不太活跃的时间段，你可以用于参加会议、进行阅读或午睡。

我所探索的东西往往超出常规领域，因为我阅读的教育技术书籍很少，尽管这本是我的主要工作职责。相反，我阅读了很多关于技术在其他行业和领域运用的数据，并问自己：教师可以从中学到什么。考特尼·奥康奈尔（Courtney O'Connell）写道："当面临一个问题时，创新的教育工作者不仅仅会学习其他老师或其他学校解决同一问题的做法，颠覆性的教育工作者会检索《快公司》或赛斯·高汀的最新文章以寻求最新的解决方案。"阅读大量的信息，阅读奇怪的信息，阅读超出本行以外的信息，然后尝试将自己所学到的知识与自己的工作和生活联系起来。

只要一有机会，我就会扮演唱反调的人，这是我最喜欢做的事情之一，也许令人讨厌，但也是我的一个性格特点。颠覆性创新者技能之一，便是提出问题。

创新者会提出无数的问题，事实上，他们将整个世界视为一个巨大的问题……创新者总是在问"为什么"，他们就是那些坐在教室最后排而且教师们最讨厌的学生（在职场中，这些人也往往是最遭到主管记恨的员工）。所有这些不仅仅能让你过滤华而不实的废话，也能帮助人们摆脱日常习惯，尝试新鲜事物。

正如我在第5章中陈述的那样，在试图解决一个真实——而且往往很重要的问题时，我往往最具有创造力。我会出于创造的目的而寻求创意，而非出于无聊。寻找那些难以攻克的难题、那些无法逾越的障碍、那些无法教育的学生或同事，然后运用你的想象力、你个人的才智，以及所有创造的技能，来实现大多数人认为不可能完成的任务。

在探索本书所陈述的创造力的过程中，我十分惊讶地发现，创造力本质上是一个高度抽象和非常个人化的特质。所以，请以你个人认为具备意义的方式来定义创造力，请以你个人认为合适或理性的方式来鼓励和培养自己学生的创造力，请你在评价学生的作品时，找到技能和创新之间的完美平衡点。

也请你重视创造力，并尊重那些具备创造力的学生，因为这个能力对学生自身的未来和对整个社会的发展都至关重要，任何教师都不应该无视这种能力。

所以，请你勇敢地，打破教育的局限。

阅后思考和讨论

1. 我们的社会希望学校培养什么样的人才，是墨守成规和遵守规则的人，还是创新者和具备发散思维能力的人？有没有可能，学生的家长、企业和更高层级的教育机构实际上也不知道自己想要什么样的人才？

2. 你能否回答斯宾塞提出的这个问题：“当事情变得艰难、无趣或令人困惑时，我们如何才能够创建那些可以鼓励学生创造性地开展工作的结构和政策？”

3. 你可以提供什么证据，来证明你所处学校的校园文化是否有益于创客教育？

4. 教师们自身展示专业的创新能力有多重要？你要怎么做才能够提高自身创新的概率？

“常青藤”书系—中青文教师用书总目录

书名	书号	定价
特别推荐——从优秀到卓越系列		
从优秀教师到卓越教师：极具影响力的日常教学策略（入选浙江省教师节用书）	9787515312378	33.80
从优秀教学到卓越教学：让学生专注学习的最实用教学指南	9787515324227	32.00
从优秀学校到卓越学校：他们的校长在哪些方面做得更好	9787515325637	33.80
卓越课堂管理（中国教育新闻网2015年度“影响教师的100本书”）	9787515331362	68.00
名师新经典/教育名著		
如何成为高效能教师（美国最畅销教师用书，销量超过350万册，最专业、最权威、最系统的教师培训第一书）	9787515301747	68.00
给教师的101条建议（第三版）(《中国教育报》“最佳图书”奖）	9787500673842	33.00
改善学生课堂表现的50个方法：小技巧获得大改变（入选《中国教育报》2010年和2011年“影响教师的100本书”）	9787500693536	23.80
改善学生课堂表现的50个方法操作指南：小技巧获得大改变	9787515334783	29.00
优秀教师一定要知道的17件事（美国当前最有影响教育畅销书作者全新力作）	9787500671961	23.00
美国中小学世界历史读本／世界地理读本／艺术史读本	9787515317397等	106.00
美国语文读本1–6	9787515314624等	252.70
和优秀教师一起读苏霍姆林斯基／卢梭／福禄培尔／蒙台梭利／杜威／马卡连柯	9787500698401等	150.00
怎么做孩子会爱上学习（入选“21世纪中国教师必读的百种好书”,《中国教育报》“2010年影响教师的100本书”）	9787500685968	22.00
快速破解60个日常教学难题	9787515339320	33.00
美国最好的中学是怎样的——让孩子成为学习高手的乐园（白金版）	9787500685838	28.00
教师成长/专业素养		
安奈特·布鲁肖写给教师的101首诗	9787515340982	35.00
万人迷老师养成宝典学习指南	9787515340784	28.00
中小学教师职业道德培训手册：师德的定义、养成与评估	9787515340777	32.00
成为顶尖教师的10项修炼（中国教育新闻网2015年度“影响教师的100本书”）	9787515334066	35.00
T. E. T. 教师效能训练：一个已被证明能让所有年龄学生做到最好的培训项目（30周年纪念版）（中国教育新闻网2015年度“影响教师的100本书”）	9787515332284	39.00
教学需要打破常规：全世界最受欢迎的创意教学法（中国教育新闻网2015年度“影响教师的100本书”）	9787515331591	33.00
高效能教师如何带领学生取得优异成绩（中国教育新闻网2015年度“影响教师的100本书”）	9787515328980	39.00
10天卓越教师自我培训（教育家安奈特·布鲁肖顶尖卓越教师培训教材）	9787515329925	29.00
给幼儿教师的100个创意：幼儿园班级设计与管理	9787515330310	29.00
给幼儿教师的100个创意：为幼升小做准备	9787515329130	29.90
给小学教师的100个创意：发展思维能力	9787515327402	29.00
给中学教师的100个创意： 如何激发学生的天赋和特长／杰出的教学／快速改善学生课堂表现	9787515330723等	87.90

	书名	书号	定价
	以学生为中心的翻转教学11法	9787515328386	29.00
	如何使教师保持职业激情	9787515305868	29.00
★	如何培训高效能教师：来自全美权威教师培训项目的建议	9787515324685	32.00
★	良好教学效果的12试金石：每天都需要专注的事情清单	9787515326283	29.90
★	让每个学生主动参与学习的37个技巧	9787515320526	28.00
	10分钟教师培训：卓越教师的40个快速训练法	9787515320519	32.00
	高效能教师的时间管理法	9787515321073	35.00
★	凭什么让学生服你（增订版）	9787500675204	26.00
	高效能教师备课完全指南：英国最权威的备课指导用书	9787515312361	23.80
	师范学院学不到的：应对学校一切的锦囊妙计	9787500679455	28.00
	提高学生学习效率的9种教学方法	9787515310954	27.80
	优秀教师是这样炼成的：用心教育	9787500672555	23.80
★	教师一定要思考的四个问题：今天，我们怎样做教师（增订版）	9787500668565	27.90
	下课后来找我：资深教师给同行的建议	9787515307114	28.00
★	教师应该做到的和能够做到的（白金版）（美国中小学教师指定培训教材）	9787500669401	33.00
★	优秀教师的课堂艺术：唤醒快乐积极的教学技能手册	9787500654001	26.00
★	教师职业的9个角色（白金版）（美国国家教育学会教师教育委员会、哥伦比亚大学教育学院推荐书目）	9787500681014	23.80
	如何成为优秀教师：英美教师职业成长“圣经”	9787500672920	26.00
★	万人迷老师养成宝典（第2版）（入选《中国教育报》“2010年影响教师的100本书”）	9787500689300	29.00
	高效能教师的9个习惯	9787500699316	23.00
★	好老师可以避免的20个课堂错误（白金版）（入选《中国教育报》“2010年影响教师的100本书”）	9787500688785	21.50
	教师、学生和家长焦点难题解决方案（升级版）（入选《中国教育报》“2011年影响教师的100本书”）	9787500672906	35.60
	好老师说服难缠家长的16堂课（入选《中国教育报》“2010年影响教师的100本书”）	9787500688778	23.80
	爱·上课：麻辣教师调教“天下第一班”的教育奇迹（李希贵、窦桂梅推荐）	9787500693383	29.00
	爱·读书（李希贵、窦桂梅推荐，中国版《窗边的小豆豆》，诠释中国教师《爱的教育》）	9787500693918	25.00
	课堂教学/课堂管理		
	老师如何提问，学生才会思考	9787515341217	33.80
	教师如何提高学生小组合作学习效率	9787515340340	29.00
	卓越教师的200条教学策略	9787515340401	35.00
	中小学生执行力训练手册：教出高效、专注、有自信的学生	9787515335384	33.80
	提高学生学习专注力的8个方法：打造深度学习课堂	9787515333557	35.00
	改善学生学习态度的58个建议	9787515324067	25.00
★	全脑教学：影响全球300万教师的教学指导书（中国教育新闻网2015年度“影响教师的100本书”）	9787515323169	38.00

书名	书号	定价
哈佛大学教育学院思维训练课	9787515325101	36.00
完美结束一堂课的35个好创意	9787515325163	28.00
如何更好地教学：优秀教师一定要知道的事（被英国教育界奉为圣经的教学用书）	9787515324609	36.00
带着目的教与学	9787515323978	28.00
美国中小学生社会技能课程与活动（学前阶段/1-3年级/4-6年级/7-12年级）	9787515322537等	153.80
彻底走出教学误区：开启轻松智能课堂管理的45个方法	9787515322285	28.00
破解问题学生的行为密码：如何教好焦虑、逆反、孤僻、暴躁、早熟的学生	9787515322292	36.00
在普通课堂教出尖子生的20个方法：分层教学	9787515321868	29.90
天天向上：中学教学问题解决手册	9787515321202	29.00
13个教学难题解决手册	9787515320502	28.00
让学生爱上学习的165个课堂游戏	9787515319032	39.00
美国学生游戏与素质训练手册：培养孩子合作、自尊、沟通、情商的103种教育游戏	9787515325156	36.00
老师怎么说，学生才会听（白金版）	9787515312057	28.00
快乐教学：如何让学生积极与你互动（入选《中国教育报》2010年和2011年"影响教师的100本书"）	9787500696087	29.00
老师怎么教，学生才会提问	9787515317410	29.00
快速改善课堂纪律的75个方法（白金版）	9787515313665	28.00
教学可以很简单：高效能教师轻松教学7法	9787515314457	25.00
88种美国中小学经典课堂教学活动	9787515314419	32.00
好老师应对课堂挑战的25个方法（珍藏版）（《给教师的101条建议》作者新书）	9787500699378	25.00
快速调动学生参与的99个方法（被誉为美国调动学生参与最有价值之书）	9787515317069	31.90
好老师激励后进生的21个课堂技巧	9787515311838	23.80
开始和结束一堂课的50个好创意	9787515312071	19.80
培养高情商学生的7堂必修课（新版）	9787500686088	28.00
好老师因材施教的12个方法（美国著名教师伊莉莎白"好老师"三部曲）	9787500694847	22.00
如何打造高效能课堂（美国《学习》杂志"教师必选"奖，"激励教师组织"推荐书目）	9787500680666	29.00
合理有据的教师评价：课堂评估衡量学生进步	9787515330815	29.00
班主任工作/德育		
北京四中8班的教育奇迹	9787515321608	36.00
师德教育培训手册	9787515326627	29.80
打造优秀班级的15个秘密	9787515319117	28.00
设计和管理最优班级实用手册	9787515317731	49.00
好老师征服后进生的14堂课（珍藏版）（美国著名教师伊莉莎白"好老师"三部曲）	9787500693819	25.00
美国最优秀教师的自白（新版）（进入地方学校、教育机构教育用书征订目录）	9787500683001	26.00
优秀班主任的50条建议：师德教育感动读本（《中国教育报》专题推荐）	9787515305752	23.00
来自美国最优秀教师的建议（入选《中国教育报》"2010年影响教师的100本书"）	9787500694427	25.00

	书名	书号	定价
★	班主任一定要面对的9个问题（新版）	9787500672937	22.00
★	是什么让教师不断进步（升级版）（入选《中国教育报》"2011年影响教师的100本书"）	9787500672401	23.80
	优秀教师一定读的60个故事（传达60种爱的教育方式）	9787500696285	25.00
	学校管理/校长领导力		
	如何定义、评估和改变学校文化	9787515340371	29.80
	学校管理者如何构建卓越学校	9787515330754	28.00
	从优秀学校到卓越学校：他们的校长在哪些方面做得更好	9787515325637	33.80
	优秀校长一定要做的18件事（入选《中国教育报》"2009年影响教师的100本书"）	9787500673835	26.00
	构建杰出学校的7个杠杆	9787515324319	39.00
	美国获奖中小学校长的建议（新版）（美国教育界精英校长的经验分享）	9787500675211	29.90
★	如何调动和激励教师（增订版）（入选《中国教育报》2009年和2011年"影响教师的100本书"）	9787500673828	29.00
	如何应对难缠的老师	9787515306315	25.00
★	给校长的127条建议（入选《中国教育报》2010年和2011年"影响教师的100本书"）	9787500694779	23.00
	如何提升学校的内力（升级版）	9787500672159	21.80
	创新型学校：给学校管理者的9个策略（入选《中国教育报》2010年和2011年"影响教师的100本书"）	9787500693628	23.00
	学科教学/教科研		
★	人大附中高考作文取胜之道	9787515320694	33.80
★	人大附中学生这样学语文：走近经典名著	9787515328959	33.80
	让小学一年级孩子爱上阅读的40个方法	9787515307589	30.00
	让学生爱上数学的48个游戏	9787515326207	26.00
★	英美中小学都在玩儿的数学游戏：多少只袜子是一双	9787500688884	25.80
★	优秀小学语文教师一定要知道的7件事（窦桂梅畅销作品）	9787500674139	23.80
	小学语文课例研修的8个实践策略（附赠光盘）	9787515312064	33.00
	名师谈阅读教写作：真正思考语文课的终极目标问题	9787500692966	29.00
★	考拉小巫的英语学习日记：写给为梦想而奋斗的人	9787515303505	25.00
★	如何成为尖子生（新版）（事半功倍的高效学习方法，3小时成为学习高手）	9787500668596	23.00
	情商教育/心理咨询		
	中小学心理教师的10项修炼	9787515309347	36.00
★	别和青春期的孩子较劲（增订版）（入选《中国教育报》"2009年影响教师的100本书"）	9787500676232	28.00
★	100条让孩子胜出的社交规则	9787515327648	28.00
	加州大学伯克利分校的10堂幸福教养课	9787515303512	23.00
	毕淑敏心理咨询手记	9787500682127	25.00
	幼儿园/学前教育		
	幼儿园30个大主题活动精选：让工作更轻松的整合技巧	9787515339627	39.80
★	美国幼儿教育活动大百科：3-6岁儿童学习与发展指南用书·科学	9787515324265	150.00

书名	书号	定价
美国幼儿教育活动大百科：3–6岁儿童学习与发展指南用书·艺术	9787515324289	150.00
美国幼儿教育活动大百科：3–6岁儿童学习与发展指南用书·健康与语言	9787515324296	150.00
美国幼儿教育活动大百科：3–6岁儿童学习与发展指南用书·社会	9787515324272	150.00
蒙台梭利早期教育法：3–6岁儿童发展指南（理论版）	9787515322544	29.80
蒙台梭利儿童教育手册：3–6岁儿童发展指南（实践版）	9787515307664	25.00
自由地学习：华德福的幼儿园教育	9787515328300	29.90
你的水桶有多满（儿童版）	9787515306766	29.00
赞美你：奥巴马给女儿的信	9787515303222	19.90
教育主张/教育视野		
如何发现孩子：实践蒙台梭利解放天性的趣味游戏	9787515325750	32.00
如何学习：用更短的时间达到更佳效果和更好成绩	9787515334844	39.80
教师和家长共同培养卓越学生的10个策略	9787515331355	27.00
10天掌握快速阅读	9787515329918	29.90
芬兰教育全球第一的秘密（珍藏版）(《中国教育报》等主流媒体专题推荐，台湾教育类畅销书榜第一名）	9787500687436	28.00
世界最好的教育给父母和教师的45堂必修课（《芬兰教育全球第一的秘密》2）	9787500692423	28.00
杰出青少年的7个习惯（精英版）（中小学图书馆推荐书目、中国青少年必读书目）	9787500649083	28.00
杰出青少年的6个决定（领袖版）（中小学图书馆推荐书目、中国青少年必读书目、全国优秀出版物奖）	9787500672241	28.00
7个习惯教出优秀学生（全球第一畅销书《高效能人士的七个习惯》教师版）	9787500687948	29.00
杰出青少年构建内心世界的5个坐标（中国青少年成长公开课）	9787515314952	59.00
跳出教育的盒子：从优秀到卓越教师的成功策略（美国中小学教学经典畅销书）	9787500689508	35.00
夏烈教授给高中生的19场讲座（入选《中国教育报》“2013年最受教师欢迎的100本书”）	9787515318813	29.90
学习之道：美国公认学习第一书	9787500679240	28.00
翻转学习：如何更好地实践翻转课堂与慕课教学（中国教育新闻网2015年度“影响教师的100本书”）	9787515334837	32.00
翻转课堂与慕课教学：一场正在到来的教育变革	9787515328232	26.00
奇迹学校：震撼美国教育界的教学传奇（中国教育新闻网2015年度“影响教师的100本书”）	9787515327044	36.00
学校是一段旅程：华德福教师1–8年级教学手记	9787515327945	32.00
高效能人士的七个习惯（全球头号畅销书）	9787500649038	49.00
盖洛普优势识别器2.0：《现在，发现你的优势》升级版	9787515308036	199.00

您可以通过如下途径购买：

1. 书　　店：各地新华书店、教育书店。
2. 网上书店：当当网（www.dangdang.com）、亚马逊中国网（www.amazon.cn）、天猫（zqwts.tmall.com）
   京东网（www.360buy.com）、第一街（www.diyijie.com）。
3. 团　　购：各地教育部门、学校、教师培训机构、图书馆团购，可享受特别优惠。

购书热线：010–65511270 / 65516873

「常青藤」教育书系 · 重磅推荐 >>>

➡ 任何优秀教师和成功教师，首先必须是一名高效能教师。

低效能学校 + 低效能教师 =（学生成绩）前 50% ↘ 倒数 3%
高效能学校 + 低效能教师 =（学生成绩）前 50% ↘ 倒数 37%
低效能学校 + 高效能教师 =（学生成绩）前 50% ↗ 前 37%
高效能学校 + 高效能教师 =（学生成绩）前 50% ↗ 前 3%

《如何成为高效能教师》

作 者：（美）黄绍裘　黄露丝玛丽

ISBN：9787515301747

开 本：16

页 码：344

定 价：68.00元

你将读到什么

➡ 美国最专业、最权威、最系统的 **教师培训第一书** 。看世界上最专业、最高效、最幸福的教师如何打造快乐、善学、高分的好学生。

➡ 全球最畅销的教师用书引进中国。亚马逊网上书店教育类畅销书榜第 1 名。出版 20 年，覆盖 102 个国家，全球销量超过 350 万册。

➡ 首度公开成功教学的最大秘密，汇集全美 **100 名最优教师 30 年成功教学智慧**，建构了一套完整的高效能教师培训系统和教师素质与能力提升解决方案，让**新教师迅速成熟，老教师突破极限**，享受终极职业快乐。

➡ 幼师、中小学教师、教育管理者、师范院校师生、对外汉语教师 **“人手一册”的必备工具书**。

➡ **超值赠送** 60 分钟美国最受欢迎的教师网络教学视频， 200 页网络版主题教学拓展资源。书中附有大量被实践证明、行之有效的 **教学资源和技术工具**，更为教师的日常教学和管理实践提供丰富的行动指南。